ÜBER DAS BUCH:

Ephraim Kishon, als Satiriker, Regisseur und Filmemacher ein Weltbegriff, hat – was nur wenige wissen – Kunstgeschichte studiert und besitzt ein Diplom als Metallbildhauer. Als Fachmann und »Leidender« am Niedergang der modernen Kunst hat er ausschließlich dies zum Thema seines Buches gemacht. Er rechnet ab mit dem Kunstmarkt unserer Tage, aber er tut es auf höchst amüsante und abwechslungsreiche Weise: In der Einleitung als Philosoph, im ausführlichen Text zum Thema als brillanter Satiriker, der mit zahlreichen Informationen und Abbildungen sogar einen heiteren Abriß der Geschichte der »Schönen Künste« unseres Jahrhunderts bietet, und in der satirischen Farce *Zieh den Stecker raus, das Wasser kocht* als Komödiant. Humoristische Enthüllungen zum heutigen Kunstmarkt, ein provokantes Lesevergnügen, ganz bestimmt nicht nur für Insider.

DER AUTOR:

Ephraim Kishon, am 23. August 1924 als Ferenc (Franz) Hoffmann in Budapest geboren. Studium der Kunstgeschichte und Besuch der Kunstakademie. 1949 Auswanderung nach Israel, wo er von einem Einwanderungsbeamten den Namen erhielt, unter dem er weltberühmt wurde. Er arbeitete zunächst in einem Kibbuz und publizierte seit 1952 politisch-satirische Glossen in verschiedenen Tageszeitungen. Ephraim Kishon lebt als freier Schriftsteller in Tel Aviv.

# Ephraim Kishon

# Picasso war kein Scharlatan

## Randbemerkungen zur modernen Kunst

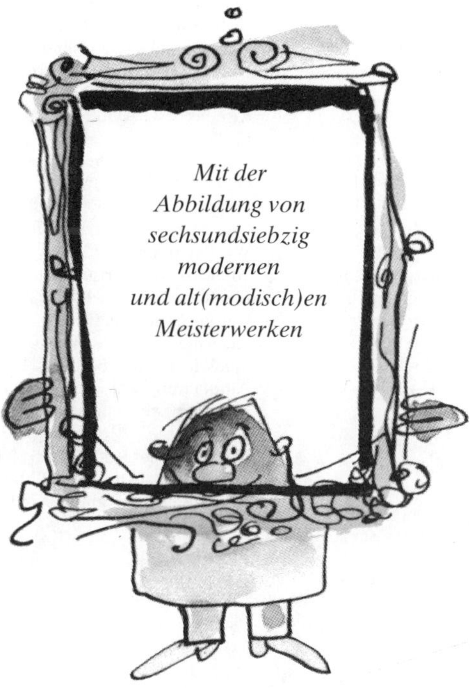


Ullstein

ein Ullstein Buch
Nr. 20898
im Verlag Ullstein GmbH,
Frankfurt/M – Berlin
Die Komödie *Zieh den Stecker raus, das Wasser kocht* wurde von Helmut Castagne ins Deutsche übertragen

Ungekürzte Ausgabe

Umschlagillustration:
Rudolf Angerer

Taschenbuchausgabe
mit freundlicher Genehmigung
der F. A. Herbig Verlagsbuchhandlung
GmbH, München

Printed in Germany 1994
Gesamtherstellung:
Clausen & Bosse, Leck
ISBN 3 548 20898 3

April 1994
49.–53. Tsd.

Gedruckt auf alterungsbeständigem
Papier mit chlorfrei gebleichtem Zellstoff

Die Deutsche Bibliothek –
CIP-Einheitsaufnahme

**Kishon, Ephraim:**
Picasso war kein Scharlatan:
Randbemerkungen zur modernen Kunst/
Ephraim Kishon. [Die Komödie
Zieh den Stecker raus, das Wasser kocht
wurde von Helmut Castagne
ins Dt. übertr.]. – Ungekürzte Ausg.
49.–53. Tsd. – Frankfurt/M; Berlin:
Ullstein, 1994
(Ullstein-Buch; Nr. 20898)
ISBN 3-548-20898-3
NE: GT
Vw: Hoffmann, Ferenc
[Wirkl. Name] → Kishon, Ephraim

Vom selben Autor
in der Reihe
der Ullstein Bücher:

Der seekranke Walfisch (3428)
Der quergestreifte Kaugummi (20013)
Es war die Lerche (20033)
Mein Freund Jossele (20053)
Kishon für Kenner (20065)
Wenn das Auto Schnupfen hat (20137)
Schokolade auf Reisen (20158)
Kishons beste Reisegeschichten (20333)
Kein Öl, Moses? (20569)
Pardon, wir haben gewonnen (20693)
Abraham kann nichts dafür (20723)
Beinahe die Wahrheit (20766)
Im neuen Jahr wird alles anders (20981)
Kein Applaus für Podmanitzki (20982)
Kishon für Manager (22276)
Hausapotheke für Gesunde (22350)
Drehn Sie sich um, Frau Lot! (22427)
Total verkabelt (22439)
Kishons beste Autofahrergeschichten (22451)
... und die beste Ehefrau von allen (22601)
Das große Kishon-Karussell (22752)
Undank ist der Welten Lohn (22810)
Wie unfair, David! (22837)
Arche Noah, Touristenklasse (22968)
Das Kamel im Nadelöhr (22996)
Der Fuchs im Hühnerstall (23158)
Auch die Waschmaschine ist nur ein Mensch / Kishons beste Autofahrergeschichten (23271)
Kishons beste Familiengeschichten (23422)
Der Hund, der Knöpfe fraß (40012)
In Sachen Kain und Abel (40124)
Paradies neu zu vermieten (40150)

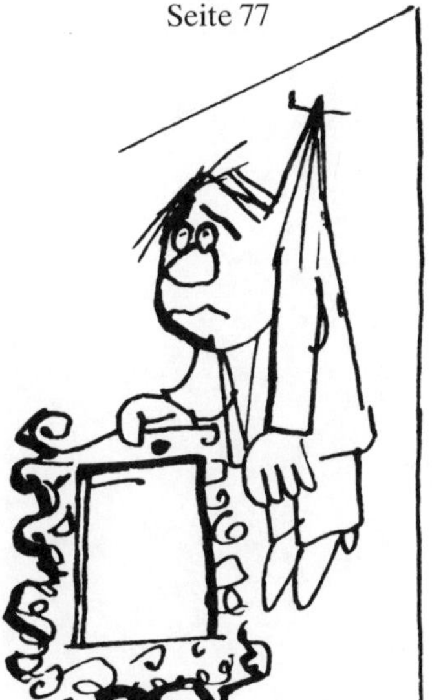

# Prolog

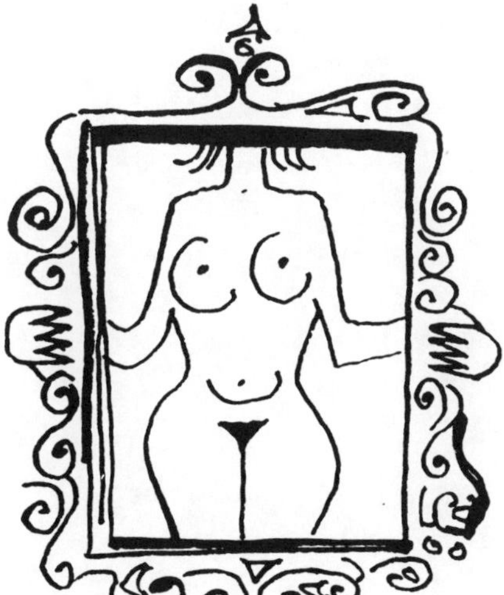

Ich hege seit jeher eine echte Bewunderung für intelligente Betrüger, für jene Auserwählten, die zeitgerecht erkannten, daß ein habgieriger Mensch ebenso leicht zu manipulieren ist wie der kindliche Besucher eines Kasperltheaters. Genau betrachtet, gehen Betrüger und Humoristen einem fast identischen Beruf nach, beide sind Künstler, die von der menschlichen Schwäche leben.

Ich habe deshalb niemals daran gezweifelt, daß die Wellenreiter der heutigen Kunst in Wahrheit lupenreine Humoristen sind. Künstler, die innerhalb von fünf Minuten aus einem alten Familienfoto, einer defekten Nähmaschine und einigen Küchenresten ein modernes Kunstwerk entstehen lassen und dann neben ihrer »Collage« mit todernstem und feierlichem Gesichtsausdruck posieren, können nur hochkarätige Satiriker sein, die auf diese Weise in aller Öffentlichkeit ihre tiefe Verachtung für ihre geistig zurückgebliebenen Mitmenschen zum Ausdruck bringen.

Für mich war es immer schon klar, daß die erläuternden Texte über die »prästabilisierte Urharmonie des Seins« – oder was sonst noch alles in Ausstellungskatalogen gedruckt wird – humoristisch verstanden werden müssen. Andernfalls erreichen sie im verängstigten Zuschauer einen Minderwertigkeitskomplex, was zur Folge hat, daß der verwirrte Betrachter lieber schweigt und sich ebenso beeindruckt zeigt wie alle anderen Gimpel heutzutage.

Erkennt man aber den Unterhaltungswert solcher Aktionen, dann kann man sie wirklich genießen.

Daher besuche ich, sooft es mir möglich ist, Ausstellungen avantgardistischer Kunst. Das dort gebotene Kunst-Kabarett gehört zum Amüsantesten, was derzeit an Unterhaltung angeboten wird. Ich frage, welcher Humorist kann schon mit einem »Gemälde« konkurrieren, das lediglich aus einem Rahmen besteht? (»Die Wand hinter dem Werk bildet den dialektischen Impetus zur illuminosen Ambivalenz, deren Identität als Mythos unserer Zeit erscheint.« Dritter Preis.) Oder was ist von einem Ausstellungsobjekt zu halten, das aus einem alten Tennisschläger mit zerfetzten Saiten besteht? (»Aphrodite IX, Opus 23. Organisch artifizielles Zwischenwesen aus der Privatsammlung des Künstlers.« Zweiter Preis.) Am Rande sei noch erwähnt, daß der erste Preis ex aequo an ein pechbeschmiertes Nachthemd und ein übermüdetes Schaf ging. Die Jury konnte sich nämlich nicht einigen, welches der beiden Kunstwerke das progressivere wäre...

Und zwischen all diesen unergründlichen Kunstwerken bewegen sich auf Zehenspitzen andächtige Schwachköpfe mit verzücktem Gesicht, halten sich krampfhaft am luxuriösen Katalog fest und murmeln verstört vor sich hin.

»Vielleicht... wer weiß... wenn's alle sagen... es muß doch irgend etwas dahinterstecken...«

Nichts steckt dahinter.

Nichts, außer einem fetten Geschäft für wichtig und geheimnisvoll tuende Kunsthändler im dunklen Blazer und dem definitiven Beweis für die ungewöhnliche Formulierungskunst einiger namhafter Kritiker.

Die Schönheit ist für die heutige Kunst gestorben. Sie lebt nur mehr in Werken, die hundert oder mehr Jahre alt sind und Immunität genießen. Die Gegenwart gehört der Mülldeponie. Leider nur im freien Westen. Sollte ich – übrigens Absolvent eines Hochschulstudiums der Kunstgeschichte und diplomierter Metallbildhauer – jemals Kommunist werden, dann nur wegen der Auswüchse der modernen Kunst in der freien Welt.

Manchmal frage ich mich, wie lange das Publikum sich diese monströse Fopperei noch gefallen läßt. Wie lange kann man mit dem gesunden Menschenverstand Verstekken spielen?

Anscheinend ewig.
Zwischendurch hört man immer wieder, daß die Zeit der Extremisten endlich vorbei wäre – aber sie ist nicht vorbei.
Immer wieder prophezeit man, daß die echte Malerei ein Comeback feiern wird – aber die Feier wird von Jahr zu Jahr verschoben.
Unter diesen Auspizien bleibt den darstellenden Künstlern keine andere Wahl, als mit den Wölfen zu heulen, sich der Mafia zu beugen und mitzuspielen. Einen dritten Weg gibt es nicht. Kein Kritiker, keine Zeitung, kein künstlerisches Forum würde es wagen, einen Maler ernst zu nehmen, der seine Kunst noch ernst nimmt. Keiner würde es wagen, diesen Aussätzigen auch nur anzusprechen oder gar mit ihm gesehen zu werden.
Mir tun die Künstler dieser Generation leid. Sie tragen im Hof eines Irrenhauses einen Wettbewerb im Stabhochsprung aus – ohne Stab, ohne Latte und ohne Hoffnung.
Was mich persönlich betrifft, so beleidigt die moderne Kunst meine Intelligenz.
Meine Antwort darauf ist mein Film »Zieh den Stecker raus, das Wasser kocht«, den ich im Sinne des künstlerischen Testamentes von Pablo Picasso gedreht habe. Picassos überraschender Nachlaß wurde in dem Buch »Libro Nero« des bekannten italienischen Kunstkritikers Giovanni Papini veröffentlicht.
... und was sagt Pablo Picasso in seinem künstlerischen Testament?
»Seit die Kunst nicht mehr die Nahrung der Besten ist, kann der Künstler sein Talent für alle Wandlungen und Launen seiner Phantasie verwenden. Alle Wege stehen der intellektuellen Scharlatanerie offen. Das Volk findet in der Kunst weder Trost noch Erhebung. Aber die Raffinierten, die Reichen, die Nichtstuer und Effekthascher suchen in ihr Seltsamkeit, Originalität, Verstiegenheit und Anstößigkeit. Ich habe die Kritiker mit den zahllosen Scherzen zufriedenge-

stellt, die mir einfielen und die sie um so mehr bewunderten, je weniger sie ihnen verständlich waren... Ich bin heute nicht nur berühmt, sondern auch reich. Wenn ich aber allein mit mir bin, kann ich mich nicht als Künstler betrachten im großen Sinne des Wortes. Große Maler waren Giotto, Tizian, Rembrandt und Goya. Ich bin nur ein Clown, der seine Zeit verstanden und alles herausgeholt hat aus der Dummheit, der Lüsternheit und Eitelkeit seiner Zeitgenossen.«

Picasso war kein Clown. Picasso war auch kein Scharlatan. Er war ein sarkastischer Kommentator seines verwirrten Zeitalters, ein genialer Archivar der menschlichen Dummheit.

# Randbemerkungen zur modernen Kunst

»Man kann viele Leute einige Zeit und einige Leute lange Zeit betrügen, aber alle Leute lassen sich ewig zum Narren halten.«

ABRAHAM LINCOLN und EPHRAIM KISHON

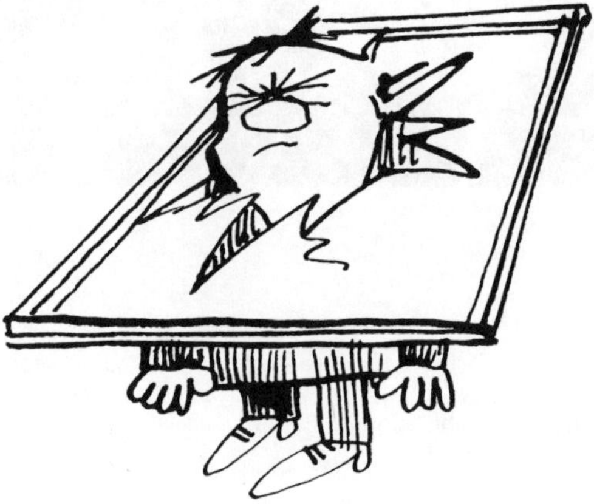

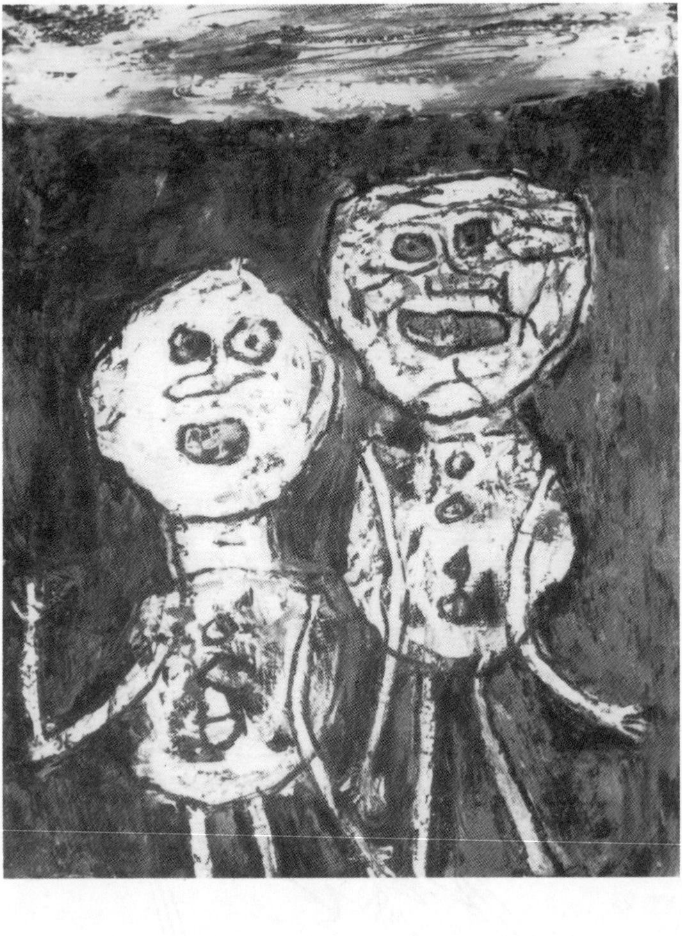

**Jean Dubuffet** »Déambulation«
Musée des Arts Décoratifs
Paris, 1961

Jetzt aber ernsthaft zur modernen Kunst, solange das noch möglich ist.

Zu diesem Zweck habe ich mich zum Fürsprecher der größten und schweigsamsten Mehrheit unseres Jahrhunderts ernannt. Ich möchte das ungebetene Sprachrohr des breiten Publikums sein, das kein Verhältnis zu den Schöpfungen seiner Zeit und kein Verständnis für deren Schöpfer hat, ein Anwalt für die verwirrten Menschen, deren einzige Rolle darin besteht, das Spülwasser, womit man ihr Gehirn seit Generationen gewaschen hat, mit Dankbarkeit zu schlürfen.

Und tatsächlich, ist es nicht ein wenig merkwürdig, daß man schon zu allen erdenklichen Themen Umfragen durchgeführt hat, von den sozial-psychologischen Aspekten der Gastarbeiterlage bis zur Schuhgröße von Boris Becker – die

**Hans Hartung** »Composition«
Blaue und gelbe Kreide auf Papier
Eigentum von Herrn und Frau
Guggenheim, New York, 1973

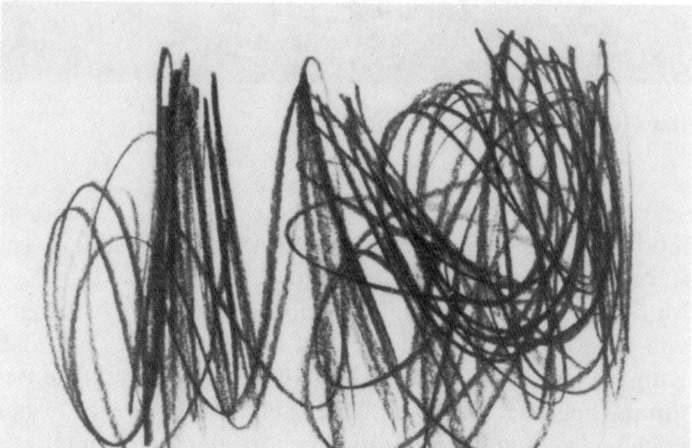

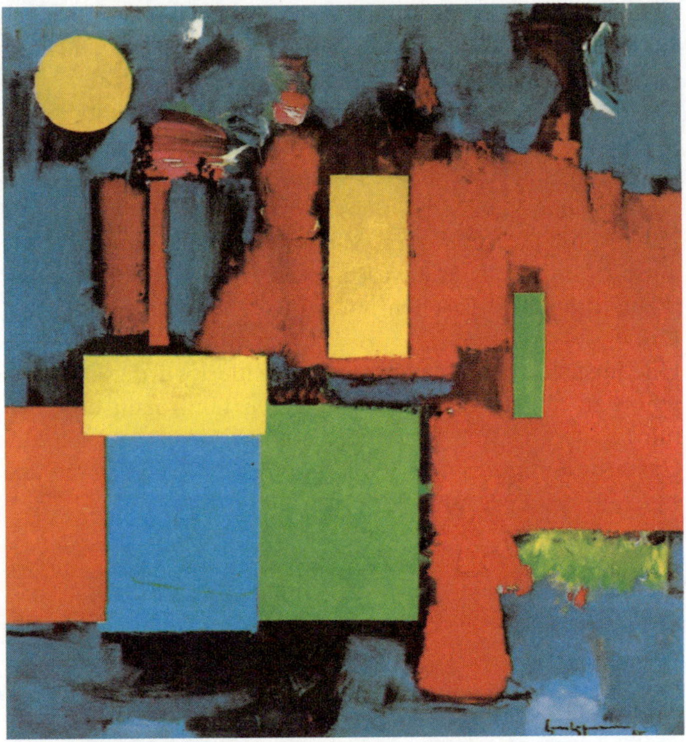

**Hans Hofmann** »Mondaufgang«
1964

moderne Kunst aber blieb bisher für Umfragen tabu, und es ist nicht schwer zu erraten, warum.

Man muß nicht unbedingt ein leidenschaftlicher Anhänger von Genosse Lenin sein, um mit ihm einig zu gehen, daß Kunstwerke für Menschen geschaffen wurden. Und die Betonung liegt hier auf dem Plural. Zumindest habe ich bisher noch von keinem Komponisten gehört, der eine Symphonie für seinen Klavierstimmer komponiert hat, und meines Wissens hat auch noch kein Schriftsteller seine Autobiographie exklusiv für seinen Friseur geschrieben. Aber es scheint, daß die modernen Kunstwerke ausschließlich für zwei Lebewesen geschaffen werden, nämlich für den Kunstkritiker und den Kunsthändler.

Für das Publikum, für die einfachen Leute dieser Erde, wie ich einer bin, ist diese Kunst ein Abrakadabra in Technicolor. Der Mann von der Straße hat hier kein Mitspracherecht, er wird mit eiserner Hand von den »Goldfingern« der Kunstwelt beherrscht, die durch die Massenmedien solch einen geistigen Terror auf ihn ausüben, daß ein Papa Doc und sein Baby Doc ruhig Privatstunden bei ihnen hätten nehmen können.

Diesmal aber tritt kein James Bond gegen Goldfinger an.

**Roy Lichtenstein** »Whaam!«
Mischtechnik, 1963

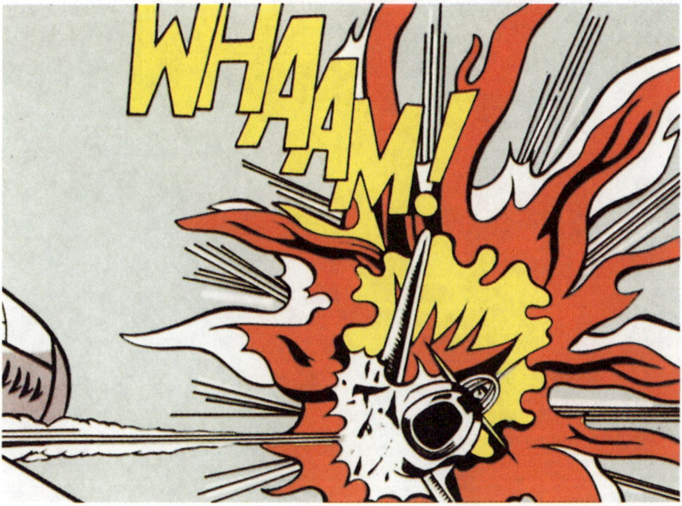

Seit einigen Generationen wagt der kleine, wir hätten fast gesagt der normale, Mann nicht mehr den leisesten Protest gegen den Haufen von Schrott und die Flut von Schmierereien, mit denen er von Galerien, Ausstellungen und Museen überschwemmt wird.
Der kleine Mann verhält sich wie der Statist im Gangsterfilm, wenn er über die Geschäfte des Bosses befragt wird. »Ich weiß gar nichts«, murmelt er verstört. »Ich bin ein frommer Anhänger der modernen Kunst. Ich glaube an den

**Frank Stella** »New Madrid«, 1961

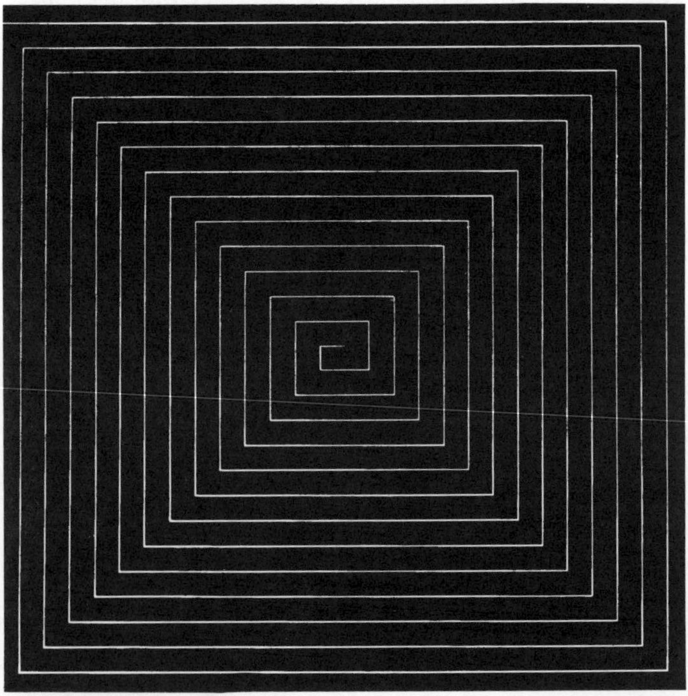

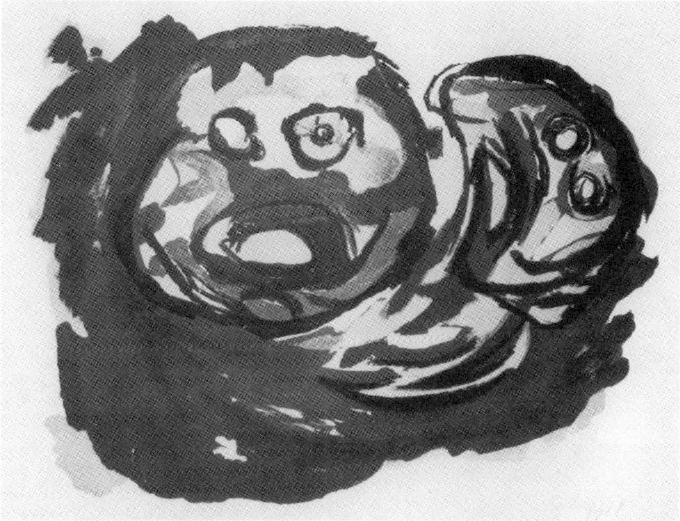

**Karel Appel** »Deux Têtes«
Lithografie, Basel, 1964

Fortschritt und an den heiligen Picasso. Jetzt laßt mich aber bitte nach Hause gehen ...«
Was anderes könnte er murmeln? Der Überlebenswille ist stärker als jede Logik. Niemand wagt es, gegen das fortschrittliche Kunstestablishment aufzustehen und moralische Leiche zu werden.
Diese Angst ist nicht neu in der Geschichte. Vor etwa 450 Jahren zum Beispiel hat ein Ketzer (der Name Galileo Galilei wird aus Diskretion nicht genannt) öffentlich seine Meinung vor dem heiligen Inquisitor widerrufen und zugegeben, daß sich die Sonne um die Erde dreht, nicht etwa umgekehrt, wie er es in seiner Naivität angenommen hatte.

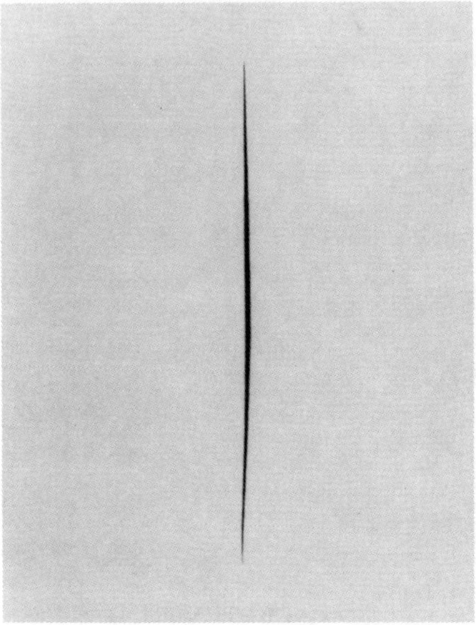

**Lucio Fontana**
»Schnittbild«
Schnitt auf weißem Öl
1965

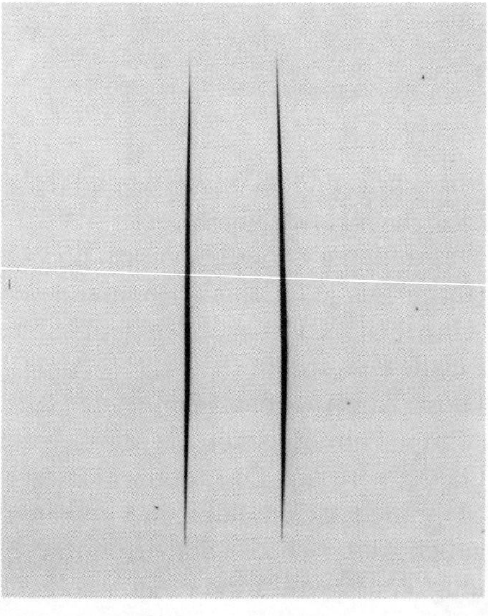

**Lucio Fontana**
»Concetto Spaziale«
Zwei Schnitte
auf weißem Öl, 1966

Und wenn wir schon in der ewigen Stadt sind, dürfen wir auch das edle Pferd nicht übergehen, das von Kaiser Caligula zum Konsul ernannt wurde, ohne seinen Kollegen im römischen Senat den kleinsten Einwand zu entlocken. Es ist nicht auszuschließen, daß sie das hohe Tier unter sich kritisierten: »Was für ein tölpelhafter Konsul, nicht einmal Stellung nehmen kann er, steht nur so herum...« Aber über die Tatsache, daß ein Pferd ein Pferd bleibt und auch durch kaiserliche Ernennung kein Konsul wird – darüber verlor niemand ein Wort.

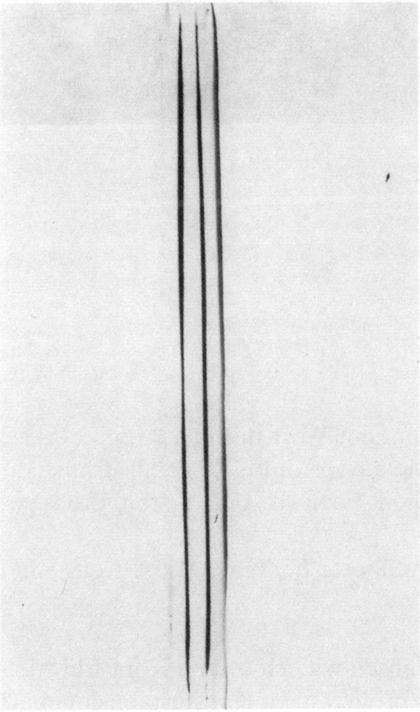

**Piero Manzoni**
»Achrome«
Caolin auf Leinwand
1960

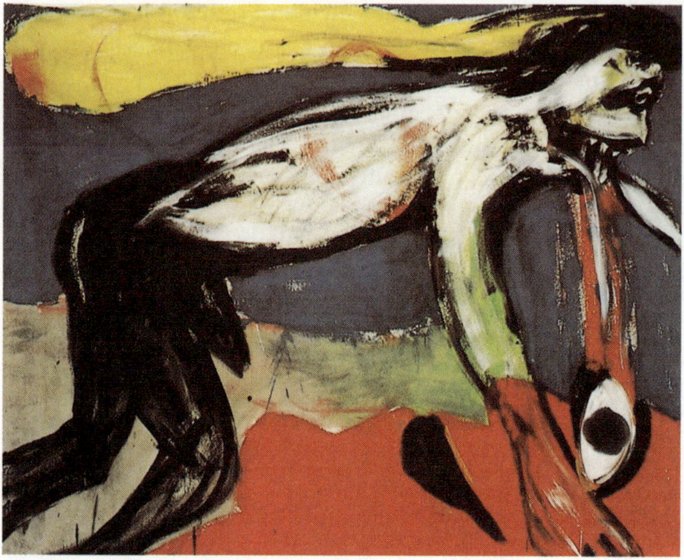

**Martin Disler** »Compositions«
Öl auf Leinwand
Exposition Fiac, Paris

Auch heute verliert man kein Wort darüber, wenn bei der Biennale in Venedig eine ausgestopfte Ziege als Transfiguration einer narzißtischen Esoterik den ersten Preis gewinnt.
Die westliche Welt kapitulierte bedingungslos. Kein Kind ruft mehr:
»Der König ist nackt!«
Warum aber legt ein Mensch wie ich seinen Kopf freiwillig unter die Guillotine des progressiven Kunstestablishments?

Weiß der Teufel. Vielleicht reizt mich, wie einst die Bezwinger des Himalaya, die Gefahr im Abenteuer. Oder bin ich gar von den sieben mageren Jahren geprägt, die ich in meiner Jugend mit dem Studium der Bildhauerei und der Kunstgeschichte verbracht habe?
Allerdings fällt es mir auch sehr schwer zu schweigen. Und, um allen Mißverständnissen vorzubeugen: Ich glaube nicht, daß die moderne Kunst die reine Gaukelei ist. Ich weiß es.

**Sandro Botticelli**
»Geburt der Venus«, Ausschnitt
Öl auf Leinwand, Florenz, 1484

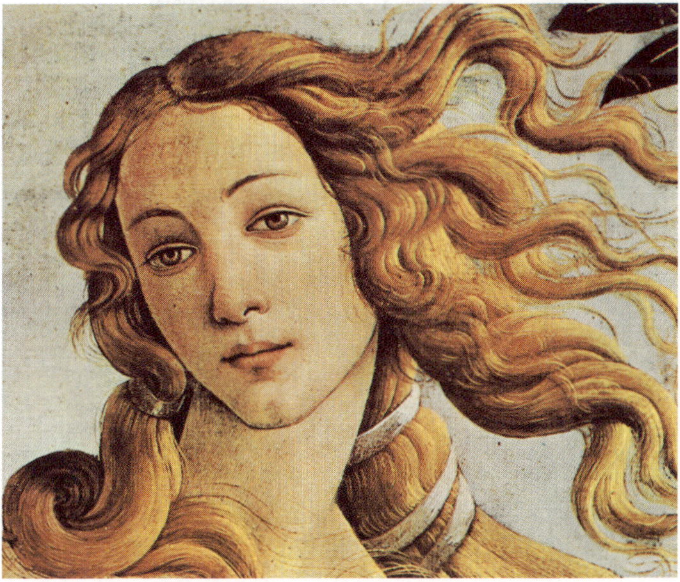

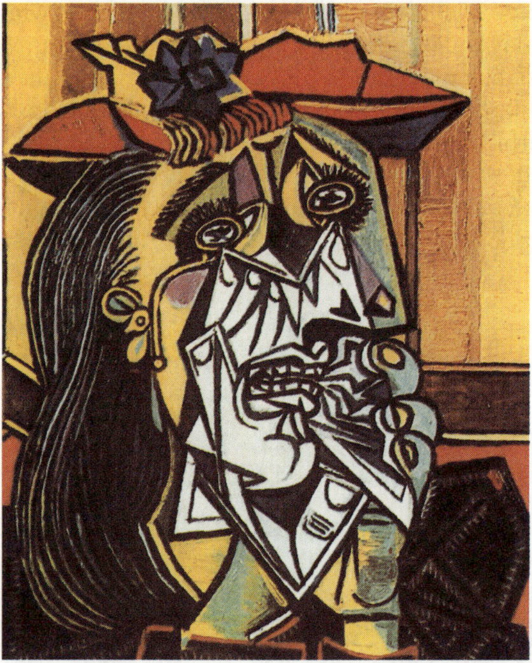

**Pablo Picasso** »Weinende Frau«
Öl auf Leinwand, Pittsburgh, 1942

Meiner Meinung nach sind die Schönen Künste, »La Belle Peinture«, in unserer Zeit sehr heruntergekommen. Sie haben sich einstimmig für eine Häßlichkeit entschieden, die kein Beispiel in den Annalen der Weltepidemien kennt.
Vor einigen kurzen Jahrhunderten noch hat man in der Stadt der Biennale atemberaubend schöne Bilder gemalt. Und sie stammten nicht immer nur aus den berühmtesten venezianischen Ateliers. Der scheue Kirchenmaler Giovanni Battista Tiepolo hat Bilder zu biblischen Themen gemalt, die auch heute noch die reinste Augenweide sind.

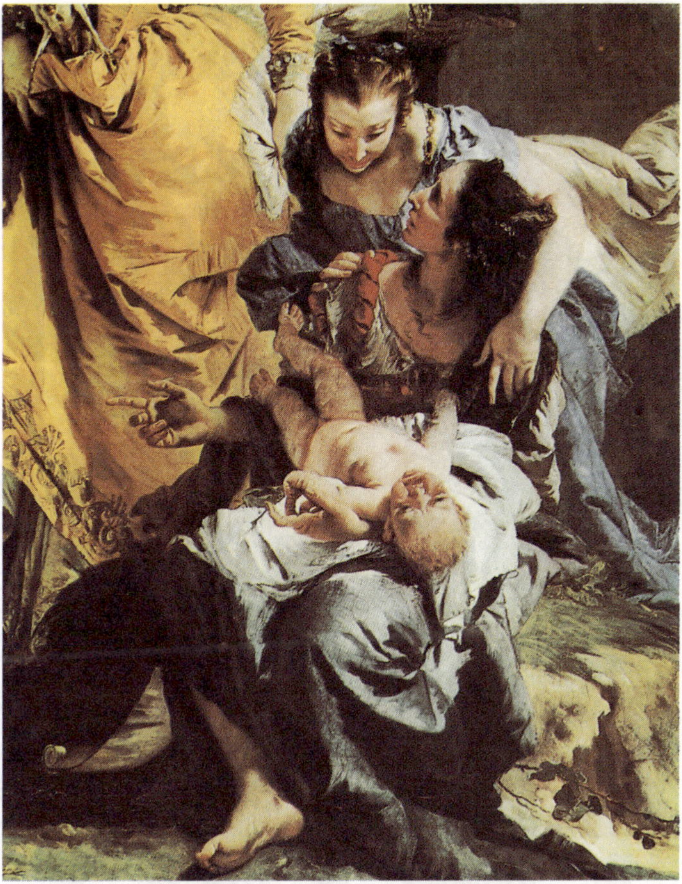

**Giovanni Battista Tiepolo**
»Hagar und Ismael«
Öl auf Leinwand, Venedig, 1732

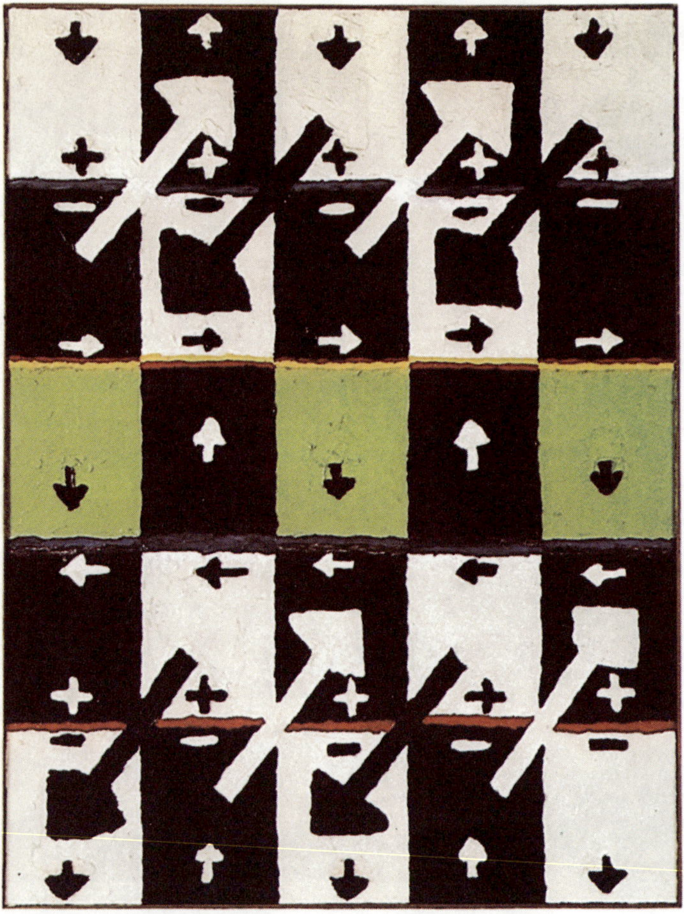

**Alfred Jensen**
»An Influence of the Earth's Motion
and Optical Phenomena«
Öl auf Leinwand
signiert auf der Rückseite
Guggenheim Museum
New York, 1961

Seither ist viel Spülwasser den Fluß der Kunstkritik hinuntergeflossen. Die Malerei hörte auf, eine optische Angelegenheit zu sein, und wurde zum Preisrätsel; so wie zum Beispiel der Stolz des berühmten Guggenheim-Museums in New York, das übrigens ein viel größeres Bild als dasjenige von Tiepolo ist. Das überdimensionale Kreuzworträtsel (162 × 122 cm) wurde von seinem Schöpfer mit einem besonders anspruchslosen Titel geschmückt.
Ja, die Zeiten sind endgültig vorbei, als man beim Betrachten eines Bildes ästhetisches Vergnügen empfinden konnte.
Inzwischen sind die Bilder zu einer Frage des Textes geworden. Heute kann man kein ausstellungsreifes Bild verstehen, ohne vorher eine zwanzigseitige Broschüre studiert zu haben. Das Bild selbst ist nur mehr Illustration eines tief

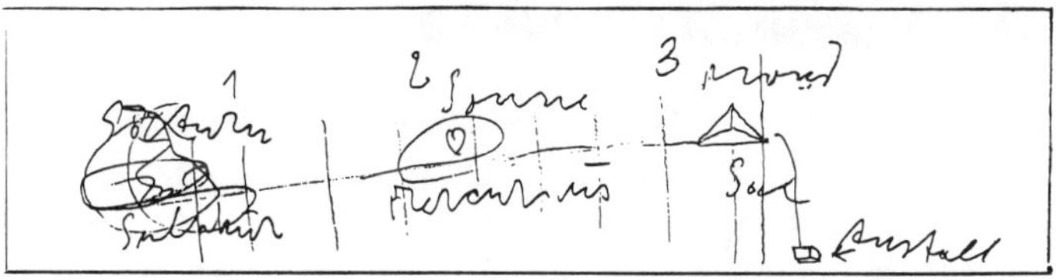

**Joseph Beuys** »Sulphur-Mercurius-Sal«, Ausschnitt aus der Zeichnung »Evolution«

philosophischen Essays. Es ist also nicht verwunderlich, daß der bekannte amerikanische Kunstbeobachter Tom Wolfe 1964 vorgeschlagen hat, von nun an nicht die Bilder, sondern die Vergrößerung der dazugehörigen Kommentare aufzuhängen.
Was die Künstler oder ihre Kritiker heutzutage über die jeweiligen Werke zusammenplappern, ist tatsächlich der Gipfel billiger Spaßmacherei oder der Unverschämtheit und gelegentlich beides zusammen.

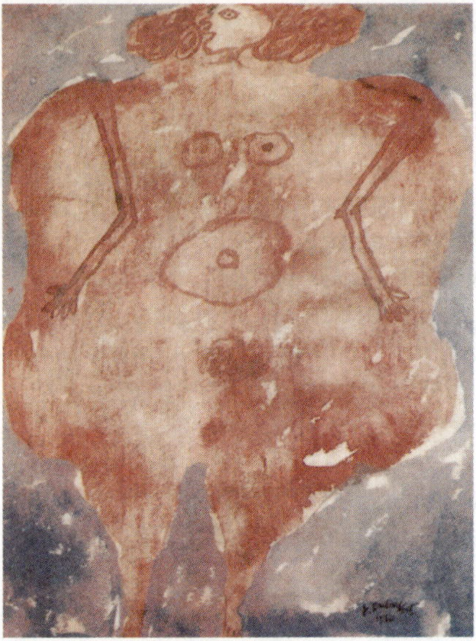

**Jean Dubuffet**
»Corps de Dame«
Gouache, 1950

Greifen wir doch aufs Geratewohl in die Schatztruhe der Moderne und ziehen ein gefeiertes Werk hervor, das der bekannten Kategorie »Mein Enkelkind kann's besser« angehört. Es handelt sich um ein Meisterwerk des prominenten Malers Jean Dubuffet aus der Ecole de Paris, der seinen eigenen Worten nach »aus dem Gefängnis des guten Geschmacks« auszubrechen suchte. Allem Anschein nach ist ihm das gelungen. Er nennt sein Werk aus irgendeinem Grunde »Corps de Dame«, »Damenkörper«.

In seinem Bildkommentar stellt Dubuffet wohlgefällig fest, daß er in diesen Frauenkörper das »extrem Allgemeine und das besonders Extreme brutal hineinzuprojizieren« bestrebt war, um der vollschlanken Dame die metaphysische Substanz zu verleihen.

Ja, man kann nicht umhin zuzugeben, daß unsere Mollige durch und durch metaphysisch wie auch extrem allgemein – und umgekehrt – wirkt.

Die moderne Kunst hat sich tatsächlich um eine Fülle von wunderbaren Ausdrücken bereichert, deren einziger Nachteil nur der ist, daß sie keinen Sinn ergeben. Ich erinnere mich an ein Kunstwerk aus meiner Studienzeit, das die »Epoche von der absoluten Subjektivität zur relativen Objektivität« durchlief. Äußerst eindrucksvoll klingt auch die in ihrer Logik überzeugende Bemerkung: »Der Maler hat offensichtlich volles Vertrauen in seine Leinwand« sowie »Seine Farblosigkeit ist erstaunlich farbig«, um nur einige Glanzstücke kritischer Wortakrobatik zu zitieren.

Auf alle Fälle ist es ratsam, die Metaphysik heranzuziehen, einige »Erosionen« und »Zerstörungskoeffizienten« womöglich mit »spiraloiden und fluidoiden Antagonismen« einfließen zu lassen, wobei sich auch einige gutplazierte »Hypertrophien« als sehr effektvoll erweisen. Ein weites Feld für die fortgeschrittene Psychiatrie. Und das Publikum schweigt, wenn auch mit glasigen Augen, beharrlich wie ein Familiengrab. Hin und wieder meldet sich ein Maler zu Wort und sagt die Wahrheit, entweder auf dem Gipfel einer Karriere oder eines alkoholischen Rausches.

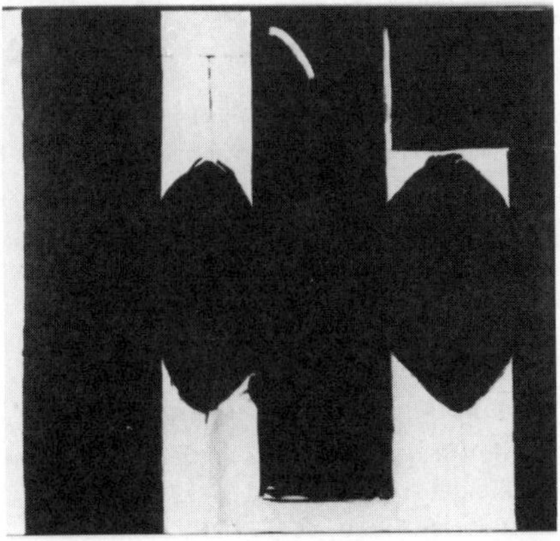

**Robert Motherwell**
»Elegy to the Spanish Republic«, 1955–60

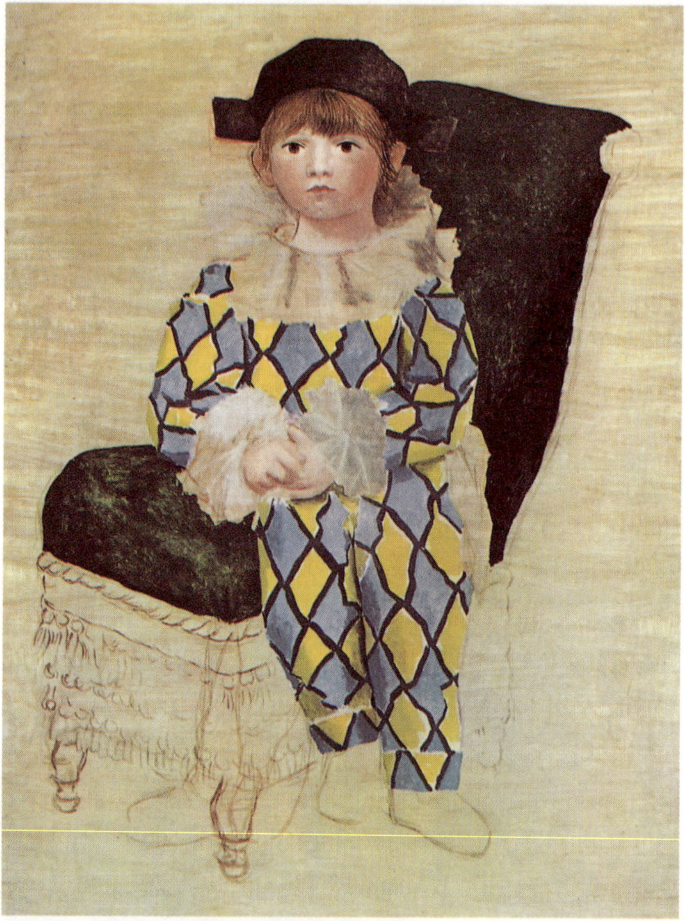

**Pablo Picasso** »Paolo als Harlekin verkleidet«
Öl auf Leinwand, 1924

Oder vor dem großen Torschluß, wie es Pablo Picasso in seinem künstlerischen Testament getan hat. Er hat die Zirkusleute geliebt, vielleicht, weil für ihn das ganze Leben ein großer Zirkus war. Die Zirkusbilder aus seiner blauen Periode sind von höchster Virtuosität. Picasso war kein Scharlatan. Wenn er gewollt hätte, hätte er wie Giotto und Tizian malen können.

Aber er wollte nicht. Das heißt, er wollte nur so lange, bis er das große Prinzip verstanden hatte: daß die Menschen keine eigene Meinung haben, daß sie das handwerkliche Können nicht mehr schätzen, daß sie vor Anomalien und an den Haaren herbeigezogenen Gimmicks auf die Knie fallen und sich einbilden, sie seien dadurch selber etwas Besonderes geworden.

**Pablo Picasso** »Mondmännchen«
Gouache, 1943

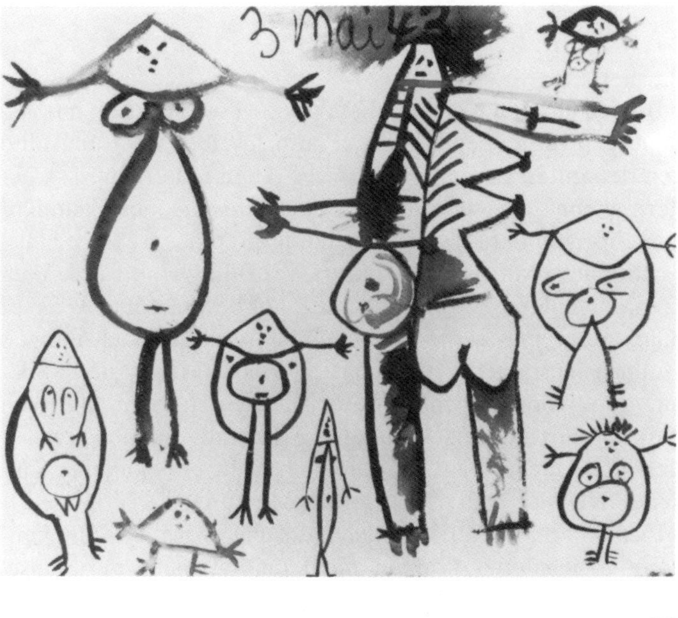

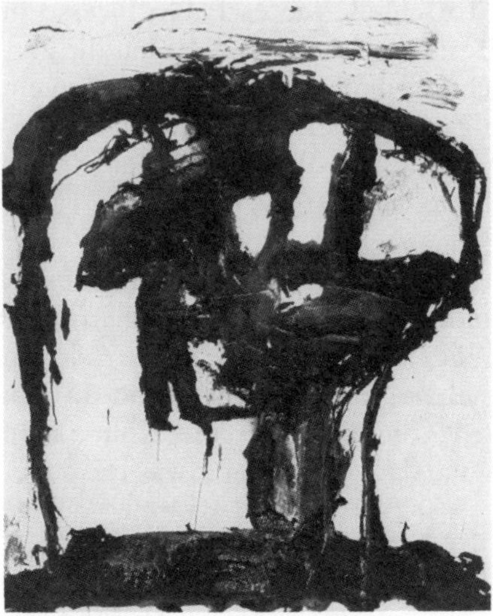

**Emil Schumacher**
»Kleobis«
Öl auf Leinwand, 1978
Internationale Kunstmesse
Basel

Picasso aber war ein weiser Mann:
»Bin ich auf den Kopf gefallen, meine kostbare Zeit mit Ästhetik zu vergeuden?« sagte er zu sich selbst. »Warum sollte ich den guten Leuten nicht zwei Frauen mit einer Nase liefern, wenn sie es so sehr möchten.« Seine eigenen Familienangehörigen hat Picasso jedoch nur mit einer Nase und ausschließlich realistisch porträtiert. Zu Hause wollte er keinen Zirkus. Zuletzt hat er dann doch am besten gelacht, als er Giovanni Papini seine Meinung über seine schwachsinnigen Anbeter gestand. Er war ein wunderbarer Mann, dieser Spanier, voll von strahlender Lebenslust. Er starb im Alter von fast hundert Jahren. An einem Lachanfall, nehme ich an.
Ich stehe nicht allein da. Ein auch nicht unbekannter Kollege, Salvador Dali, ist derselben Meinung:
»Picasso konnte herrlich malen«, sagte er, »aber seine heutigen Nachahmer können nicht einmal mehr den Pinsel

richtig halten und sind nicht imstande, ein menschliches Antlitz auch nur annähernd wiederzugeben. Auf diese Weise droht eine ganze Generation in finstere Kunstbarbarei zu verfallen.«

Es ist eigentlich eine sehr ermunternde menschliche Reaktion, wenn ein erfolgreicher Künstler die Blödheit seines euphorischen Anbeters nicht verträgt.

Auch Marcel Duchamp, der Prophet des Neodadaismus, der verschiedene Objekte aus dem Supermarkt als Kunstwerke ausstellte, verlor eines schönen Tages die Geduld: »Ich schleudere den Schöngeistern meine Flaschenständer und meinen Nachttopf ins Gesicht, um sie zu ärgern und zu provozieren, und sie – sie bewundern meine Kreationen wegen ihrer ästhetischen Schönheit!«

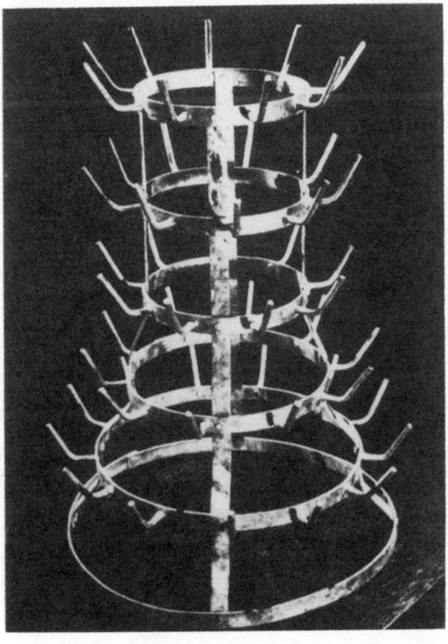

**Marcel Duchamp**
»Bottle Rack«
1914

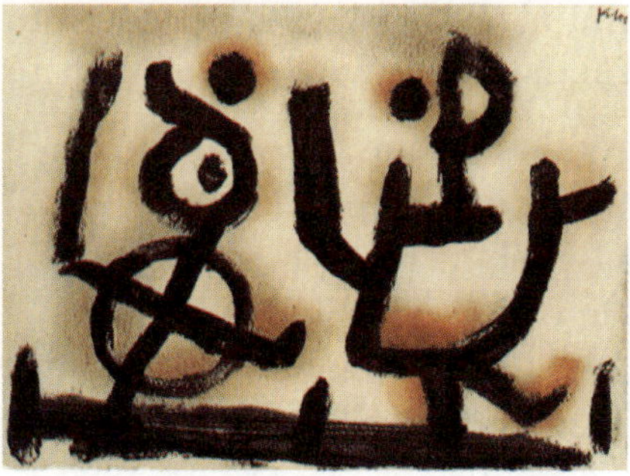

**Paul Klee**
»Kameraden wandern«
Öl und Kleisterfarbe, 1939

Es gibt aber auch Künstler, die ihre Überzeugung mit ihrem Pinsel ausdrücken. Bei einigen Meistern des abstrakten Surrealismus wie Joan Miró, Paul Klee und Yves Tanguy spürt man ihr heimliches Lächeln, so daß ihre Werke wie eine Parodie des Abstrakten wirken. Es ist anzunehmen, daß diese drei Maler selbst am meisten überrascht waren, als die Welt sie mit solch tierischem Ernst aufnahm.
Noch schärfer hat der hochbegabte Antikünstler Max Ernst seine Verachtung gegenüber den Kunstexperten ausgedrückt: Er nahm den Querschnitt einer Salpetersäurefabrik von der Schulwand, drehte ihn um und stellte ihn als »Winterlandschaft« aus. Den Direktor und Kurator eines Schloßmuseums setzte das in Verzückung: »Ernst ist der Entdecker von Gefühlen, die durch die Hypertrophie (aha!) rationalen Kausaldenkens und eines festgefahrenen Formenkanons verloren waren.« Max Ernst hätte bis zum letzten Atemzug bei der Salpetersäure bleiben können, aber in seinen letzten Jahren hat ihn der Kunstzirkus so angeekelt, daß er die schönsten surrealistischen Bilder zu malen begann. Jeder seiner Pinselstriche bat um Verzeihung...
Ähnlich erging es einem der verwöhntesten Maler dieses Jahrhunderts. Victor Vasarely, der Apostel der Op-Art,

sagte über die abstrakte Kunst, die ihm viel Ruhm und Geld eingebracht hat: »Die Kunst ist zum Niemandsland geworden. Jeder kann sich zum Künstler oder gar zum Genie ernennen. Jeder Farbenfleck, jeder Kritz und jeder Kratz kann zum Kunstwerk im Namen des heiligen Subjektivismus erklärt werden.«
Diese unpassende Stellungnahme wurde vom modernen Establishment unverzüglich und sorgfältig unter den Teppich gekehrt. Letztlich kann man die Kunstideologen auch verstehen. Solange die schöne Kunst noch schön war, spielten sie nur Statistenrollen, aber seit dem siegreichen Einzug der Deformation im Quadrat beherrschen sie mit ihrem unerschöpflichen Wortschwall das Künstlerschicksal.

**Max Ernst** »Die Lebensfreude«
London, 1936

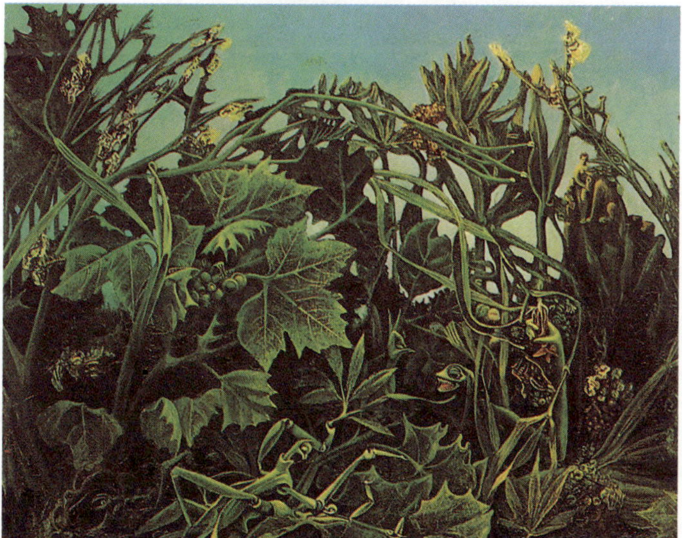

Zur Illustration dieser Feststellung greifen wir zu einem Motiv, das auf zwei verschiedenen künstlerischen Wegen gelöst wurde. Beim ersten Bild handelt es sich um Michelangelos »Heilige Familie«. Es war sein erstes Gemälde dieser Art, und man spürt deutlich, daß der junge Künstler in seiner Unerfahrenheit den leichteren, dornenfreien Weg gewählt hatte.

Der Unterschied wird deutlich, wenn man das Werk von Sol LeWitt betrachtet, das graphische Reife und konzeptuale Tiefe ausstrahlt. Es handelt sich hier um ein metaphysisches Happening par excellence, das nebenbei auch dreimal so groß ist wie Michelangelos vager Erstling.

**Michelangelo Buonarroti**
»Die Heilige Familie«
Öl auf Leinwand, Florenz, 1504

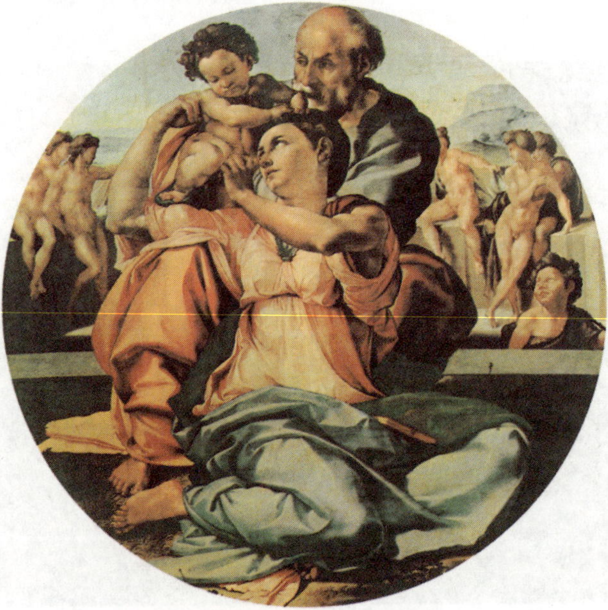

**Sol LeWitt** »Geometric Figure«
Wandmalerei mit chinesischer
Ausziehtusche, 3 m, 1981

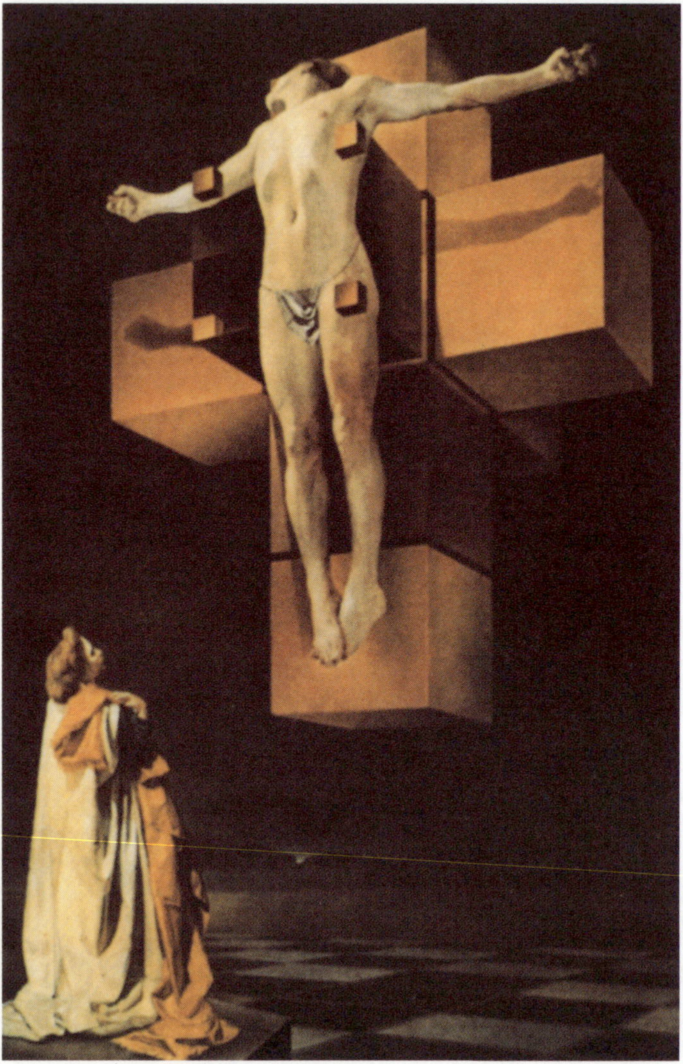

**Salvador Dali** »Mann, ans Kreuz genagelt«
Metropolitan Museum of Art

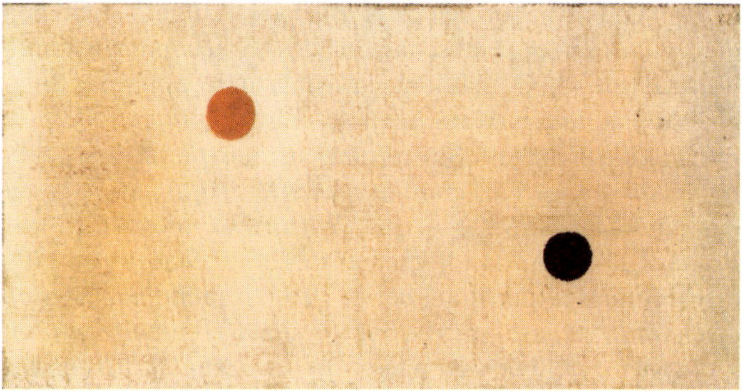

**Paul Klee** »Le Rouge et le Noir«
1938

Die moderne Kunst hat also die Malerei von ihren Fesseln erlöst. Werfen wir doch einen Blick auf die interessante Komposition von Salvador Dalis Kirchenbild, worin der Künstler die beiden Hauptgestalten in einer strengen Schiefachse hält.
Auf ähnlich polarisierender Schiefachse nach dem Dalli-Dalli-Prinzip ist auch Paul Klees Meisterwerk aufgebaut. Es unterstützt lebhaft das Vorstellungsvermögen des Betrachters durch seinen transzendentalen dynamisierenden Reichtum. Einem der bekanntesten deutschen Kunstkritiker hat dies folgende Worte entlockt: »Klee ist der einzige deutsche Maler, der auf Goethe sich zu berufen das Recht hat.«
Um Mißverständnissen vorzubeugen: Ich stelle diese Werke nicht deshalb einander gegenüber, um den Leser von der Überlegenheit der modernen Schiefachse zu überzeugen, sondern um die unerschütterliche Grundlage einer fruchtbaren Zusammenarbeit zwischen dem modernen Künstler und seinem Kritiker zu erläutern.

Im folgenden haben wir zum Beispiel Raffaels »Heiligen Georg«. Bei aller Hochschätzung des ehrlichen Kunsthandwerks ist dieses Gemälde doch nichts anderes als das Spiegelbild der grauen Alltagsrealität.
Unvergleichlich mehr Interpretationsraum bietet dem geübten Kritikerauge Rut Himmelsbachs Bravourstück, das auf der Basler Kunstmesse ausgestellt wurde. Obwohl die identische Bildkonzeption keinem Zweifel unterliegt (ich bitte um besondere Beachtung der beiden linksbündig plazierten Höllenhunde), scheint es, daß Fräulein Himmelsbach mit ihrem synkoptischen Konglomerat den Kunstkritikern die weitaus bessere Voraussetzung für eine ungebändigte Worthypertrophie verschafft als Raffaels monotone Nahaufnahme.

**Raffael** »Der Heilige Georg und der Drache«
Öl auf Leinwand
Louvre, Paris, 1505

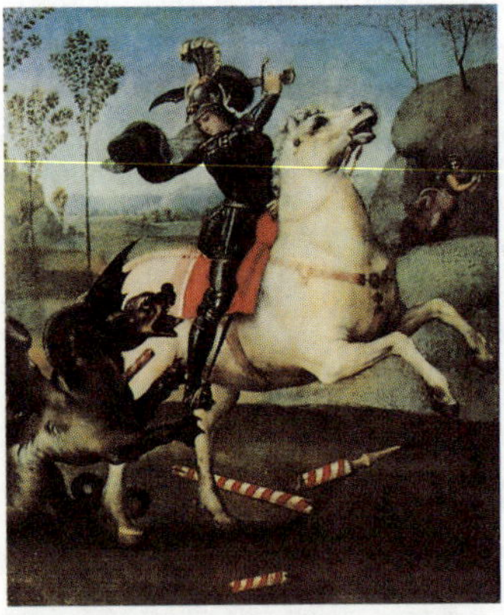

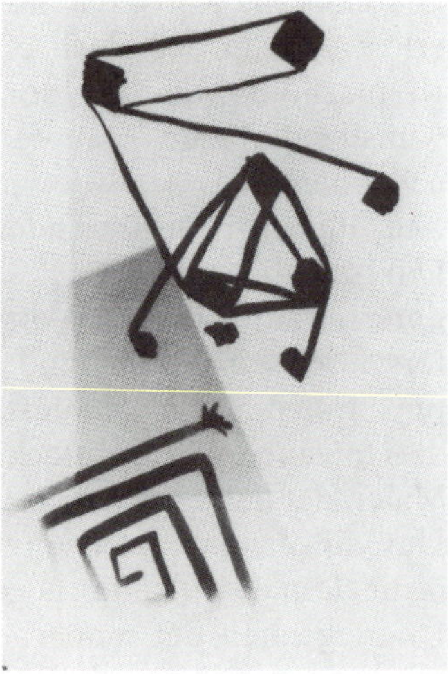

**Rut Himmelsbach**
»Laufender Hund«, 1984

**Theo van Doesburg**
»Pure Painting«
Öl auf Leinwand
Paris, 1920

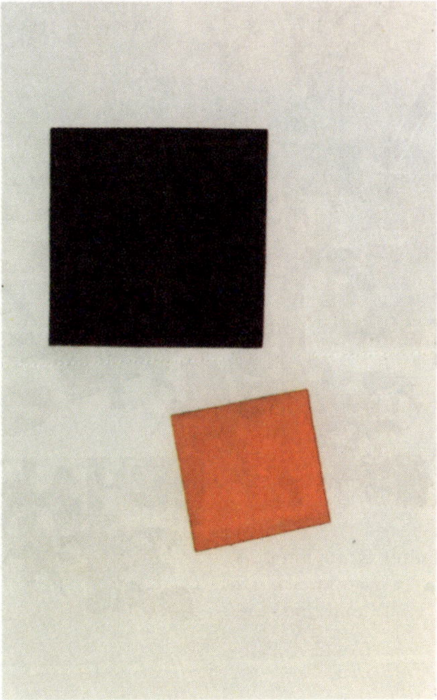

Aber nicht nur der Kunstkritiker, sondern auch der schaffende Künstler profitiert von der modernen Strömung, wenn nicht finanziell, dann wenigstens in seinem Freizeitgewinn. Das ist es eben, was die moderne Kunst so attraktiv macht: die rasende Geschwindigkeit, in der die heutigen Kunstwerke erstellt werden. Wenn mein Gedächtnis mich nicht täuscht, hat der Arbeitsmuffel Michelangelo vier lange Jahre damit verbracht, die Decke der Sixtinischen Kapelle zu streichen. Andererseits hat die Produktion der Perle des Musée National d'Art Moderne in Paris, das riesige Ölgemälde von Theo van Doesburg, nach objektiver Schätzung nicht mehr als ein oder zwei Jahre in Anspruch genommen –

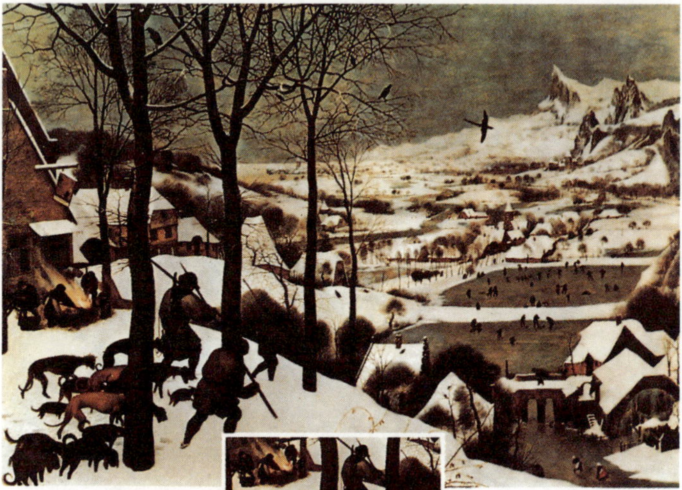

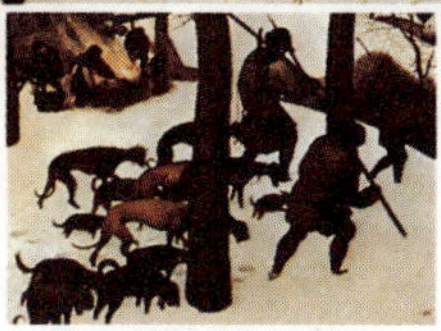

**Pieter Brueghel d. Ä.**
»Jäger im Schnee«
Öl auf Leinwand, 1563

Detail

und das ist doch ein beachtenswerter Zeitgewinn gegenüber der alten Schule.

Ähnlich bemerkenswert ist der Zeitvorsprung in der fortschrittlichen Landschaftsmalerei, die dem freischaffenden Künstler die Loslösung von der Landschaft ermöglicht. Dazu zwei überzeugende Beispiele: zunächst die Winterlandschaft des in letzter Zeit in Mode gekommenen Flamen Pieter Brueghel, der laut Kritiken dem Beobachter das Gefühl von »bissiger Kälte und Isolation« vermittelt.

Wie besticht dagegen die warme, metaphysische Atmosphäre den Bewunderer des Acryl-Panoramas des japanischen Minimalisten Shusaku Arakawa, der den Horizont

mit fesselndem Elementarismus auf die zweidimensionale Ebene zurückführt.
Hier muß man sich fragen: Wie hat die bildende Kunst eigentlich diese erfreuliche Entwicklung genommen?
Es begann um die Jahrhundertwende, als der Friede Europas schon wieder zu lange anhielt. Boheme-Kreise in Paris und sonstwo auf der Welt mit unerschöpflichem Freizeitreservoir beschlossen, die unbekümmerte Bourgeoisie aus ihrer lästigen Ruhe aufzurütteln. Mit derselben Motivation, die unsere Kinder treibt, wenn sie ihre Haare nicht schneiden und nicht waschen wollen, um Papi und Mami zu ärgern, erhoben sich die Boheme-Maler, streckten ihre Zunge heraus und zeigten den ordentlichen Bürgern die lange Nase:
»Bäääh!«

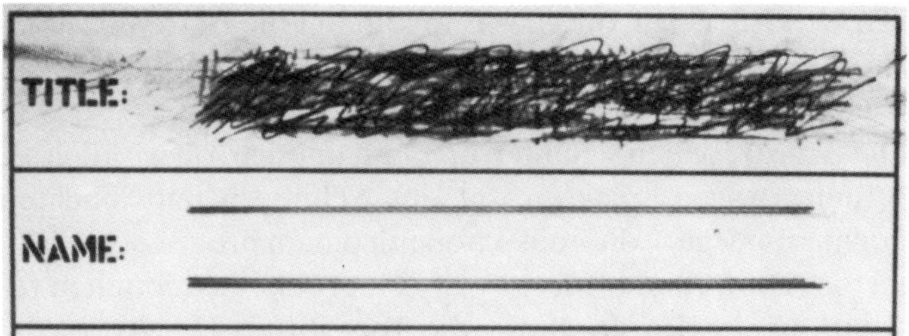


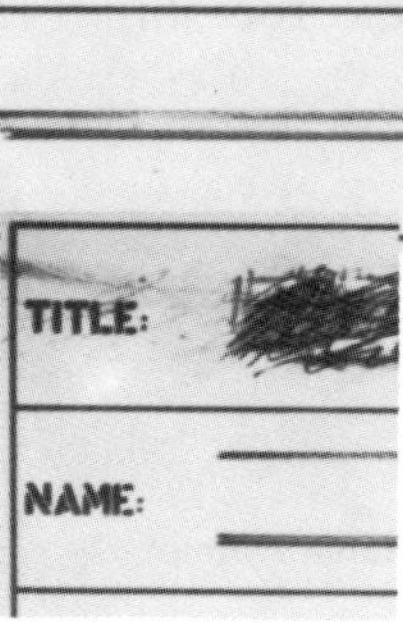


Detail

**Shusaku Arakawa**
»Landscape«
Acryl auf Leinwand
signiert auf der
Rückseite, 1969

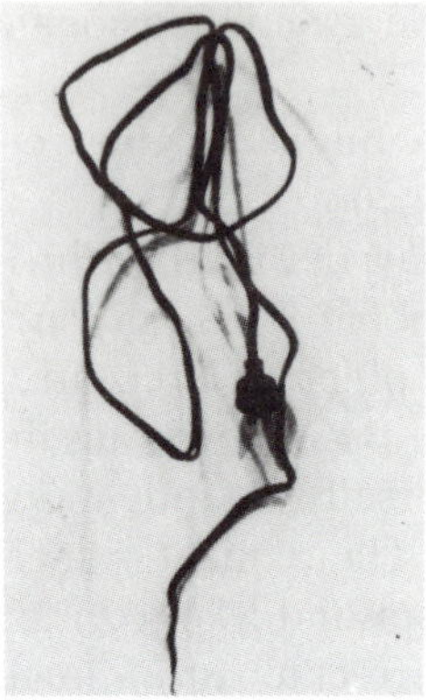

**Santiago Cardenas**
»El Cable«
Exposition Fiac
Paris, 1982

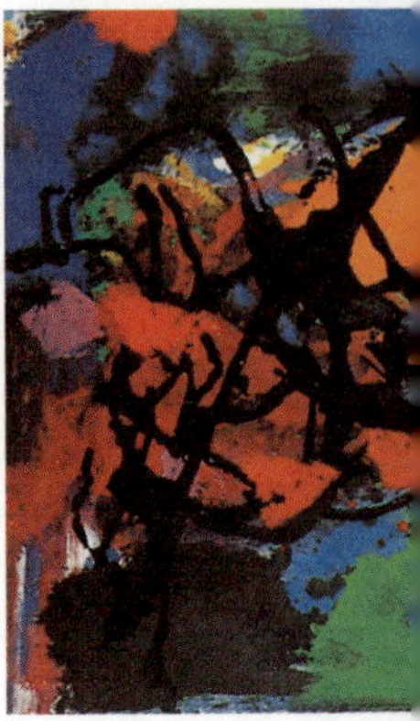

**Hans Hofmann**
»Joyfull Celebration«
Öl auf Papier
New York, 1962

Aber was geschah?
Kaum hatten sie ihre Zungen zurückgezogen, vernahmen die Bohemiens die sich überschlagenden Stimmen einiger Kunstexperten:
»Bravo! Euer dynamisches Bäh kündigt die Befreiungsepoche der allmenschlichen Kohärenz von ihrer perspektuitiven Entartung an!«
Die Kunstrebellen schauten erstaunt um sich, ob wirklich sie gemeint waren, zuckten mit den Schultern und machten nochmals »Bäh«, diesmal schon mit einem progressiven Unterton. Daraufhin öffnete Peggy Guggenheim der neuen revolutionären Kunstrichtung die Tore ihrer »The Art of the

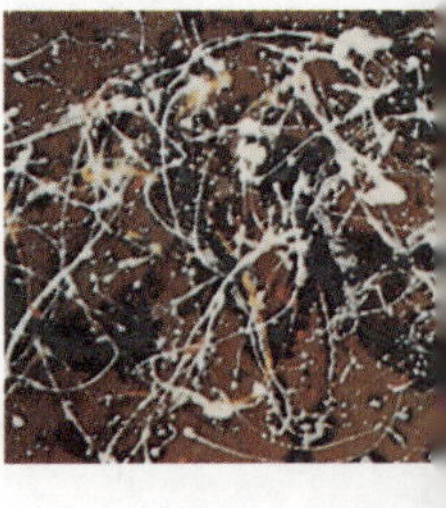

**Jackson Pollock** »Number 2«
1949

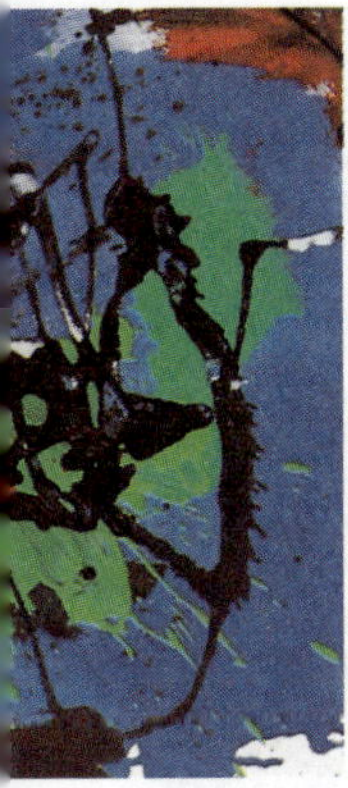

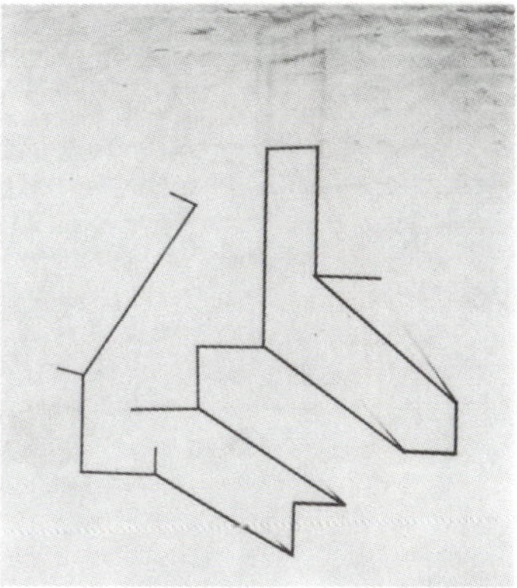

**Nigel Hall**
»Ammonite«, 1980

Century Gallery« und schlug die hitzigen Trotzköpfe zu Rittern der Moderne. Rockefeller junior wurde grün vor Neid und gründete unverzüglich das New Yorker »Museum of Modern Art«.
Die europäischen Museen eilten sich, den Anschluß nicht zu verpassen, und schon bald hörte man das ohrenbetäubende Dröhnen einer Büffelherde: Die Massenhysterie der Moderne nach nagelneuen, unerschlossenen Visionen setzte zum Senkrechtstart an.
Am Anfang schufen Picasso und Braque den Kubismus, danach erschien das Futuristische Manifest von Tommaso Marinetti, gefolgt vom Dynamischen Konstruktivismus des Ka-

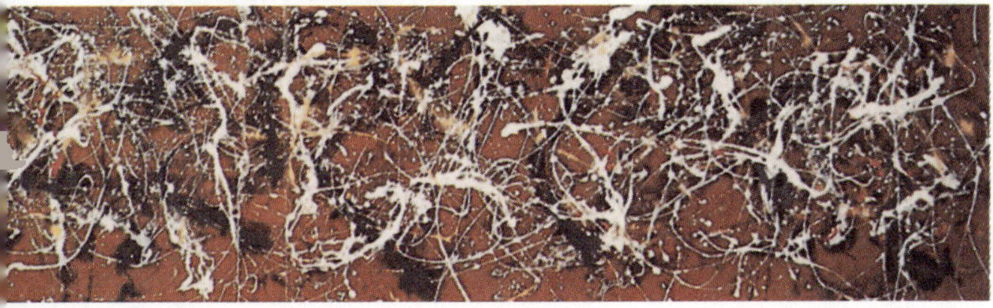

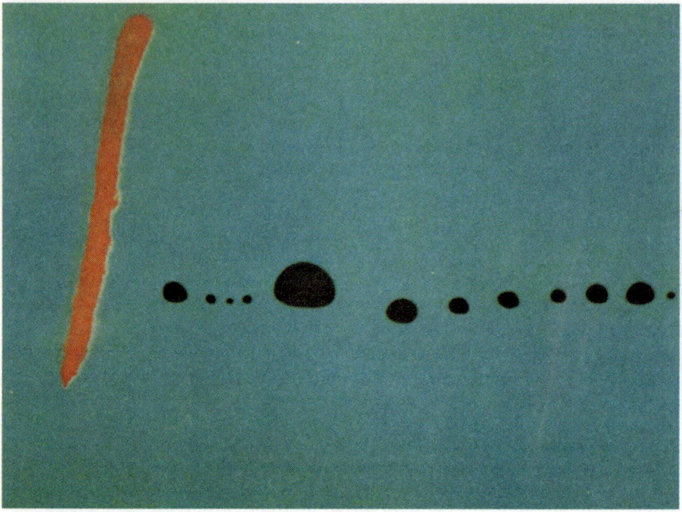

**Joan Miró** »Blue II«
1961

simir Malewitsch, der sich als konsequenter Suprematist bezeichnete, während Tristan Tzara mit seinem Dadaistischen Programm die Szene eroberte, um die Noveltry Art und Primary Structures indirekt zu inspirieren, die ihrerseits wiederum die Minimale Kunst des bekannten Meserabilisten Uwe Lansen hervorgebracht haben, zusammen mit dem chiffrierten Biomorphischen Stil und Pollocks Continuous Dynamic, die die ersten Schritte in die Richtung des Abstrakten Expressionismus unternahmen, der vom berühmten amerikanischen Kunstkritiker Harold Rosenberg lanciert und nicht wenig vom Conversion Phenomenon beeinflußt wurde, welcher wiederum in Joan Mirós Kosmischen Symbolen seine archetypischen Spuren hinterlassen hat, sowie der Knochenlose Aspekt und der Progressive Akademismus, die Jean Fautriers efferveszente Art Infor-

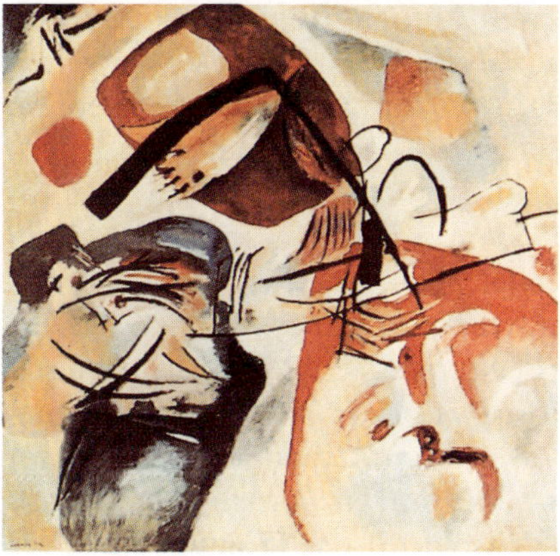

**Wassily Kandinsky**
»Mit schwarzem Bogen«
Öl auf Leinwand
Paris, 1912

male wesentlich geprägt haben, parallel mit dem White Writing von Marc Tobey, dessen künstlerischer Wunschtraum es war, sich in ein Molekül des freien Gases zu verwandeln, während Franz Kline sich im Parallel Development etablierte und die Gegenstandslose Farbvision dem absolutenabstrakten Impressionisten Wassily Kandinsky überließ,

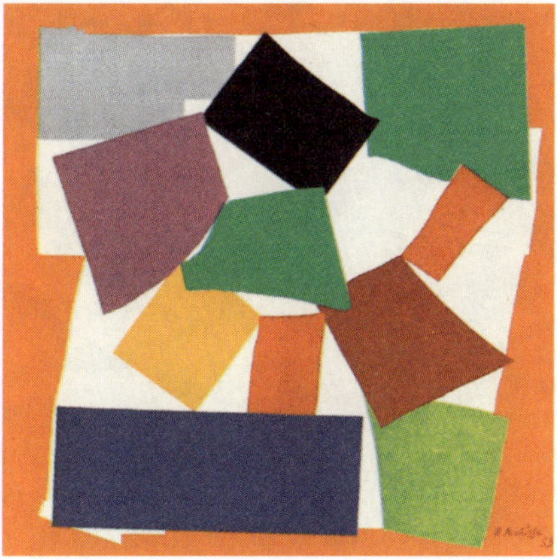

**Henri Matisse**
»Die Schnecke«
1910

Hand in Hand gehend mit Antonio Tapies' sakraler Art Autre und Henri Michaux' Nichtformaler Abstraktion, inspiriert von Karel Appels lustvoller Cobra Club Conception und im besonderen von der Hard Edge Abstraction von Mark Rothko, der sich gelegentlich mit dem über den Tundras schwebenden Windhauch identifizierte, um seinen Platz dem mit Flat Look kokettierenden Struktualischen Stil von Frank Stellas' Post Painterly Abstraction zu überlassen, der natürlicherweise im Schatten des Expressionalen Abstraktriesen Henri Matisse gestanden war, wobei die Kontinuierliche Malerei des Propheten des Impulsiven Reduktionismus Robert Rauschenberg auch nicht übergangen werden darf, ebenso wie Lucio Fontanas monochrome Slashed Canvas und Yves Kleins mit Etheral Leim befestigte Immaterial Pictorial Sen-

**Yves Klein** »Cosmogonies«
Painting-Happening, Paris, 1957

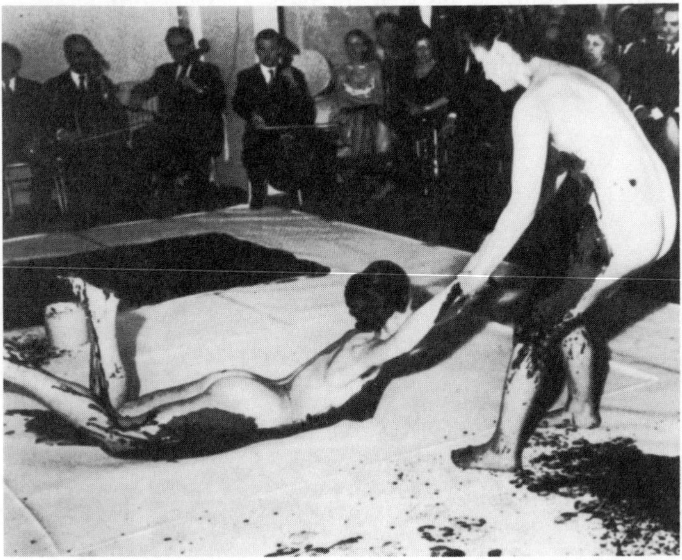

**Man Ray** »La nuit d'émeraude«
Collage und Gouache
1917

sitivity, die es ihm wiederum ermöglichte, statt mit einem Pinsel mit nackten Frauen zu malen, und der damit in enge Verwandtschaft zu David Hockneys Faux-Naïv und Robert Delaunays orgiastischem Orphisme rückte, zweifellos beeinflußt von Patrick Caulfields revolutionärem Cliché Painting und dem Synchronismus von R. B. Kitay, der sich als Hermetischer Künstler profilierte, ähnlich wie Claes Oldenburgs Totemismus, der den Ready Made Style inspirierte und nur

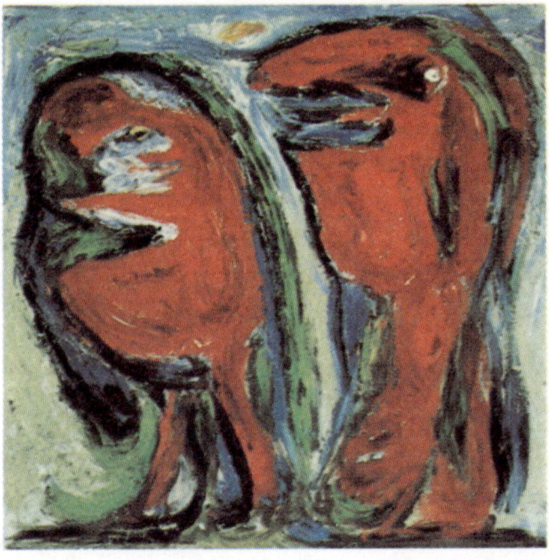

**Asger Jorn**
»Junges Paar«
1952–53

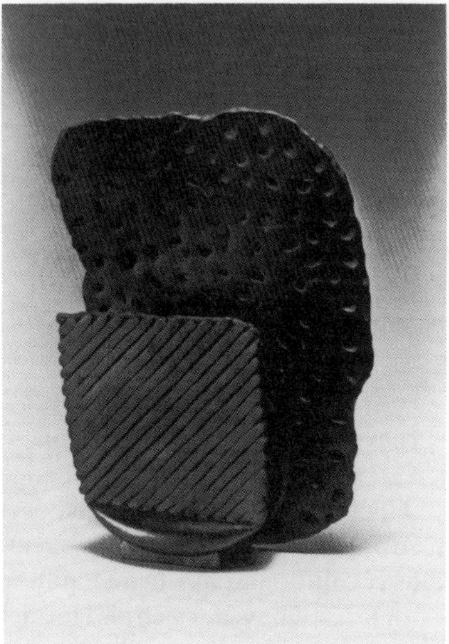

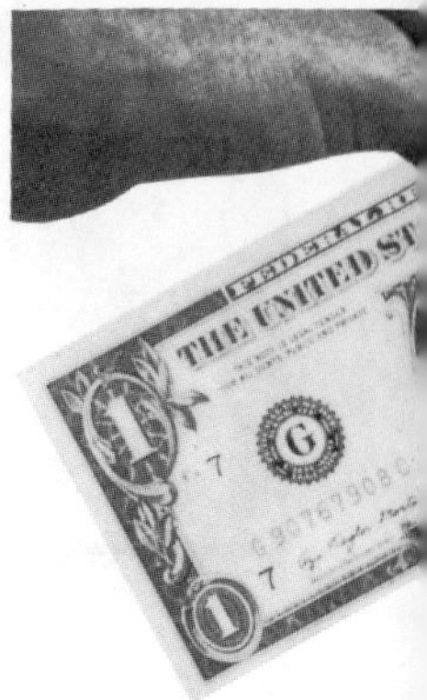


**Hideyuki Hayashi**
»Second Love«
Keramik, 1983

einen Schritt von der seit langem aktuellen Organised Perception vom Apostel der Post-Pop-Art Roy Lichtenstein entfernt war und sich gleichzeitig an den Experimentalen Composer John Cage anschloß, der mit seiner Unfocusing Art erreichen wollte, daß jeder sein eigener Mozart werden könne, wie zum Beispiel der physiochrome Künstler Carlos Cruze-Diez mit seinen Trick-Pictures, der seinerseits als Vorläufer von Larry Revers Near Pop und dem Objektiven Realismus von George Segal sowie dem Kynetischen Künstler Jean Tinguely galt, der wiederum die erste Self-Destructive-Machine erzeugte, ein Kunstwerk, das sich selbst vernichtet, gefolgt von der durch den Kunstpapst Harald Rosenberg protegierten neonativen, aktivierten Malerei, dem Harmonisierenden Funktionalismus sowie Spontaneismus, Perceptua-

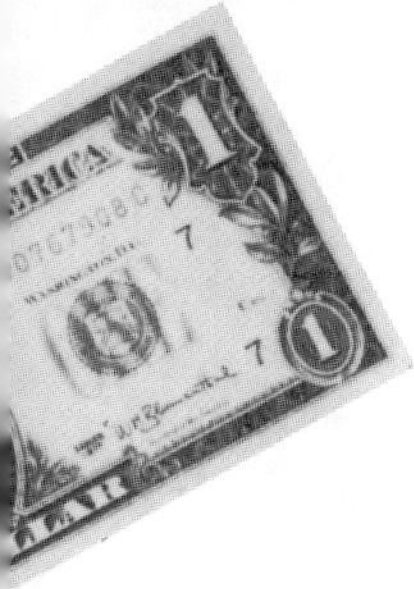


**Juriaan van Kranendonk** »One Dollar Drawing Project«, 1980

**Georg Karl Pfahler** »Formativ XX.« Mischtechnik, 1961

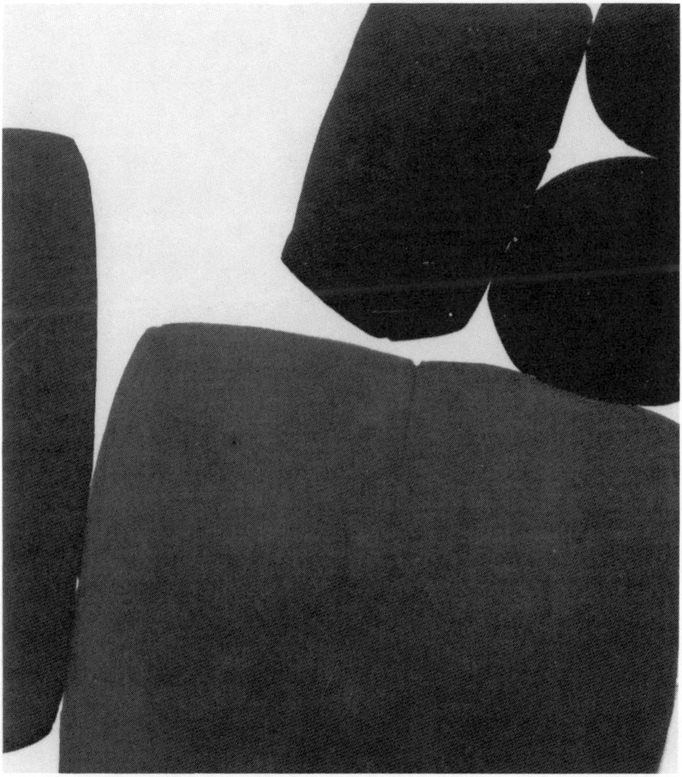

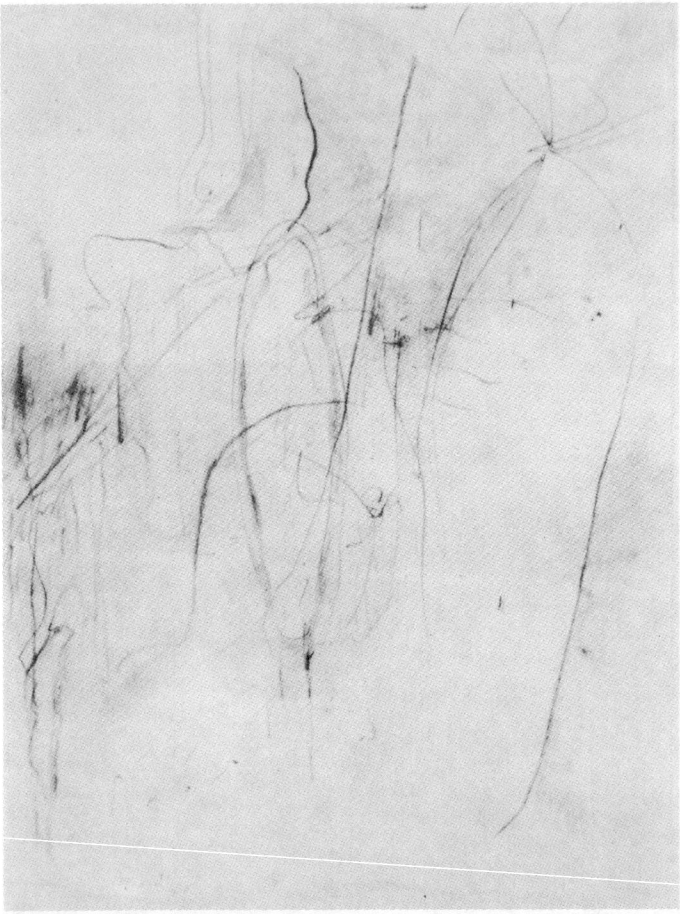

**Joseph Beuys** »Ohne Titel«
1961

lismus und Konzeptualismus, Uniformismus, Mechanofakturismus, Illusionismus, Synchronismus, Indeterminismus...

Hilfe, ich kann nicht mehr... Mit letzter Kraft erreiche ich Joseph Beuys' Plastisches Prinzip...

Jawohl, das ist das unsterbliche Werk des größten Künstlers unseres Jahrhunderts, wie das amerikanische Time-Magazin verlauten ließ. Die euklidische Botschaft des Kunstobjektivischen Kunstdenkens ist eigentlich kristallklar. Aber für die wenigen Begriffsstutzigen, die die epochale Bedeutung von J. B. noch nicht in vollem Umfang erfaßt haben sollten, bin ich gerne bereit, das Rednerpult dem Künstler selbst zu überlassen.

J. B. pflegte sein künstlerisches Credo mit den einfachen Worten eines einfachen Menschen auszudrücken. Ich bitte Sie, während der Lektüre von Zeit zu Zeit auf das unten

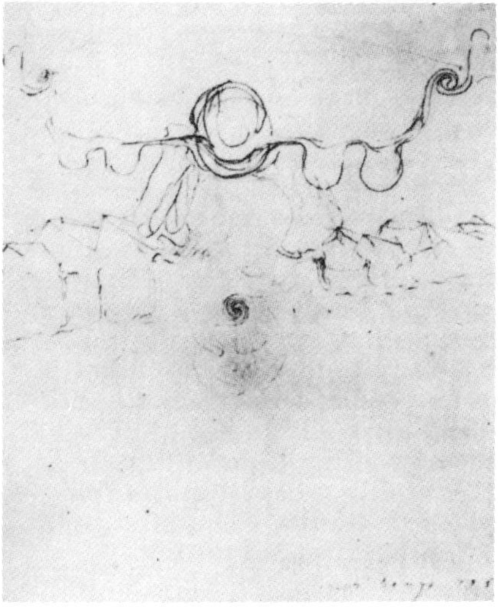

**Joseph Beuys**
Zeichnung von 1951
»Ohne Titel, in der Spannung von kristalliner Erstarrung und dynamischem Wirbel«

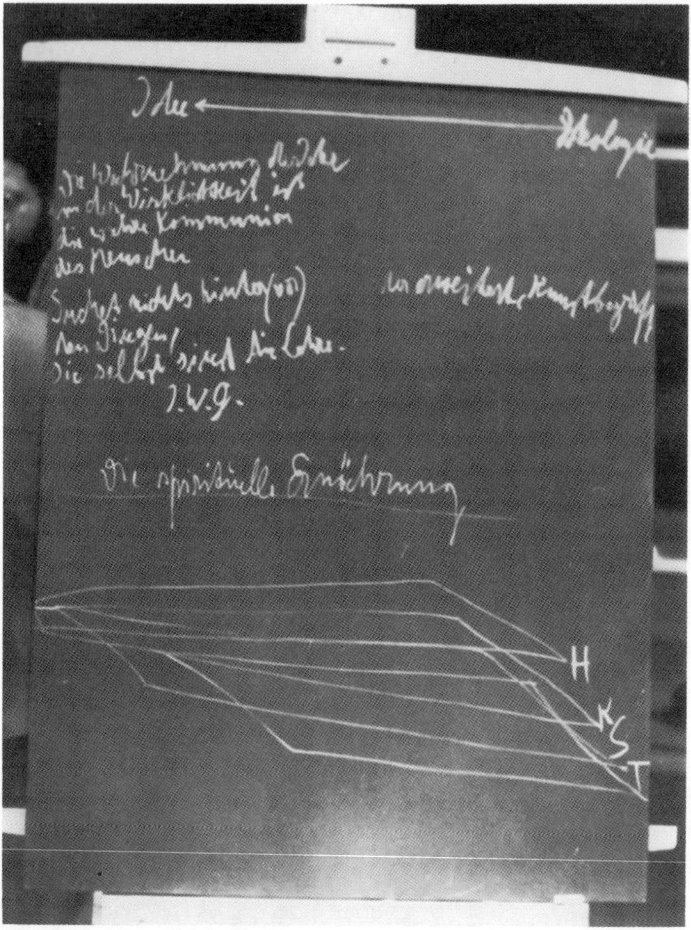


**Joseph Beuys** Objekte
Schweizer Mustermesse, Basel

abgebildete Meisterwerk von Beuys zu schielen, da sonst J. B.s Thesen nicht vollständig verständlich werden.

»Das plastische Prinzip«, so Beuys, »ist eine Kräftekonstellation, die sich aus mehreren Begriffen zusammensetzt, aber hauptsächlich aus den dreien von unbestimmten, chaotischen, ungerichteten Energien und einem kristallinen Formprinzip aus sehr polaren Beziehungen und einem vermittelnden Bewegungsprinzip. Und wenn man es überträgt auf den Menschen, ist das psychologisch gar nicht anders als dieser rein emotionelle Wille, der emotionalen ungerichteten Aktionismus betreibt, ein gefühlsmäßig emotionales Bewegungsprinzip und ein rein formell auskristallisiertes abstraktes Theoretikertum.«

Klar?

Wenn nicht, bitte das auskristallisierte Theoretikertum nochmals sorgfältig und genau durchlesen.

Haben Sie noch Fragen? Nicht? Vielen Dank für Ihre Aufmerksamkeit.

Was mich betrifft, muß ich gestehen, daß mir gegenüber Beuys' Plastischem Prinzip die Entzifferung der ägyptischen Hieroglyphen als Kinderspiel erscheint. Ich habe zwar viele Jahre lang Kunstgeschichte studiert, und mein Intelligenzquotient gehört mit seinen über 160 IQ zur Kategorie der besonderen Auffassungsgabe, aber ich konnte von Beuys' Theorien noch nie ein Wort verstehen.

Das ist und bleibt offensichtlich das Privileg einiger Bürgermeister, die für das Vorrecht, den Haupteingang ihrer Stadthäuser mit einigen Tonnen Beuys zu dekorieren, Schlange stehen...

Seinen Hingang habe ich doch sehr bedauert. Ich sehe in Joseph Beuys den Erben Picassos, zumindest, was seinen Sinn für Humor betrifft. Mir scheint, als ob er seine Mitmenschen mit dem gleichen Augenzwinkern betrachtete, während er seine Hieroglyphen mit eindrucksvollem Ernst vortrug. Es ist wirklich schade, daß dieser feine Humorist sein

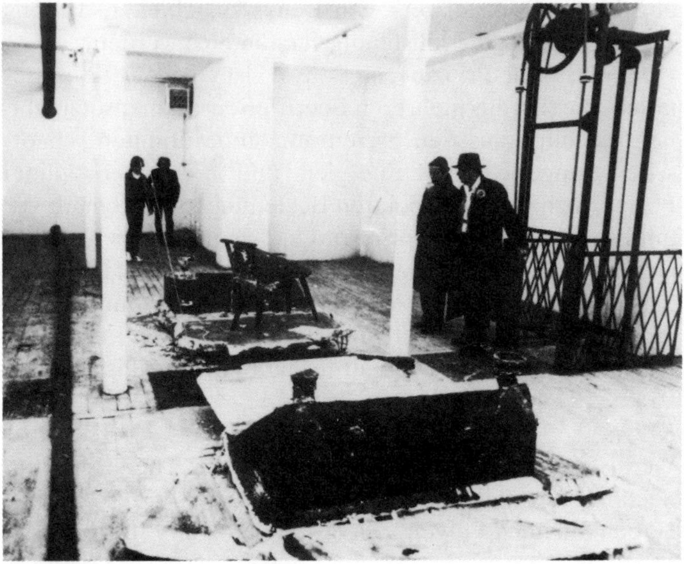

**Joseph Beuys** »Dernière espace avec introspecteur«
Exposition Fiac, Paris, 1964

großes Nachruf-Festival im deutschen Fernsehen nicht miterleben konnte. Eine derartige Orgie an Heuchelei ist sogar auf dem Bildschirm selten.
Zunächst zitterte die Stimme des Ansagers vor Aufregung, als er über den Kojoten sprach, mit dem Beuys sich sieben Tage im New Yorker Ausstellungsraum eingesperrt hatte, um das Chaos in der Welt zu bekämpfen. Danach erschienen einige Bewunderer auf dem Bildschirm, die man zu Hause erwischt hatte. Ohne Ausnahme bezeichneten sie Beuys als einen der größten Künstler aller Zeiten, aber interessanterweise ging keiner ins Detail...
»Es ist noch nicht an der Zeit, Josephs globales Werk zu

besprechen...« meinten die treuesten. »Mir scheint überflüssig, auf Beuys' universale Tätigkeit im einzelnen einzugehen... Es ist zu schwer, alle seine genialen Werke in Kürze zu würdigen... Noch Generationen werden von seinem immensen künstlerischen Vermächtnis lernen...«

Und so fort. In Details ging, wie gesagt, keiner. Man zeigte hier und dort auf dem Parkett einige Meter verschlungenen Kabels, einen Filzanzug und einen fast neuen Schlitten. Die Aufmerksameren konnten auch den Kojoten des Jahrhunderts mit einem Blick erhaschen, dann noch einige Bäume und Betonblöcke, einen Aufzug – und das war's...

Beuys, mein Bruder, wie du gelacht hättest! Vielleicht lachst du dort oben in deinen privatmythologisch-elektromagnetischen Sphären immer noch über uns...

Das Geheimnis von J. B.s phänomenalem Welterfolg wird

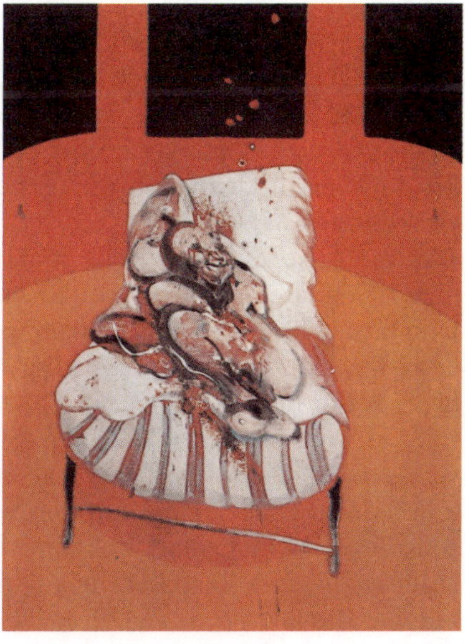

**Francis Bacon**
»One of three Studies for a Crucifixion«
1962

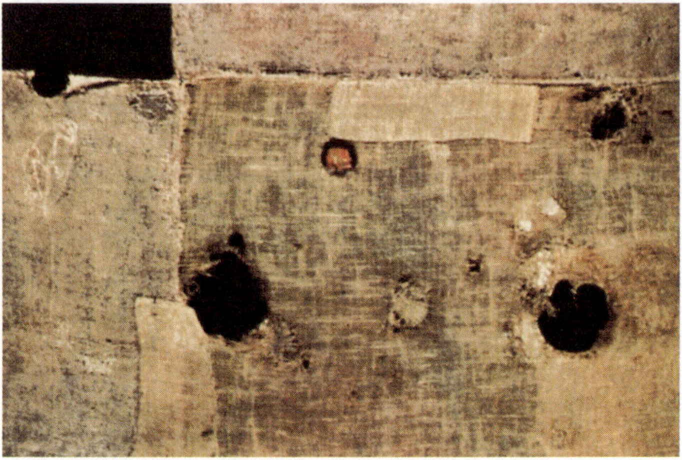

**Alberto Burri** »Sacco 4«, 1954

verständlicher vor dem Hintergrund des Geständnisses von Leo Steinberg, dem großen amerikanischen Pop-König. Er resümierte sein künstlerisches Credo wie folgt: »Wenn ein neuer Stil mich stört, dann spricht das für die hohe Qualität des Stils. Wenn ich aber etwas regelrecht hasse, dann muß es ein Meisterwerk sein.«

Das dadaistische Manifest hält ein anderes Grundprinzip fest: »Jedes verständliche Kunstwerk ist reiner Journalismus.«

Und tatsächlich kann man heutzutage von niemandem mehr erwarten, daß seine Kunst von der technischen Revolution unseres Jahrhunderts unberührt bliebe.

Laßt uns vor der Klassik fliehen. Sogar verkalkte Konservative, wie ich einer bin, müssen seit der Erfindung des Fotoapparates zugestehen, daß die realistische Malerei kein Existenzrecht mehr hat. Nehmen wir als Beispiel den holländischen Klassiker Hieronymus Bosch, der im 16. Jahrhundert das alltägliche Leben auf seine Leinwand bannte.

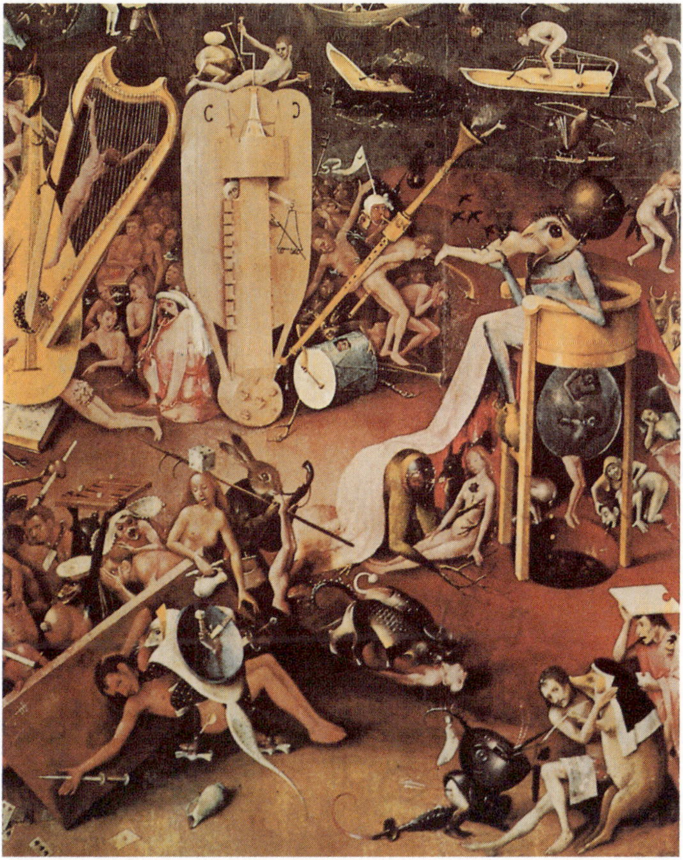

**Hieronymus Bosch** Triptychon
»Der Garten der Lüste«, Ausschnitt
Madrid, Prado

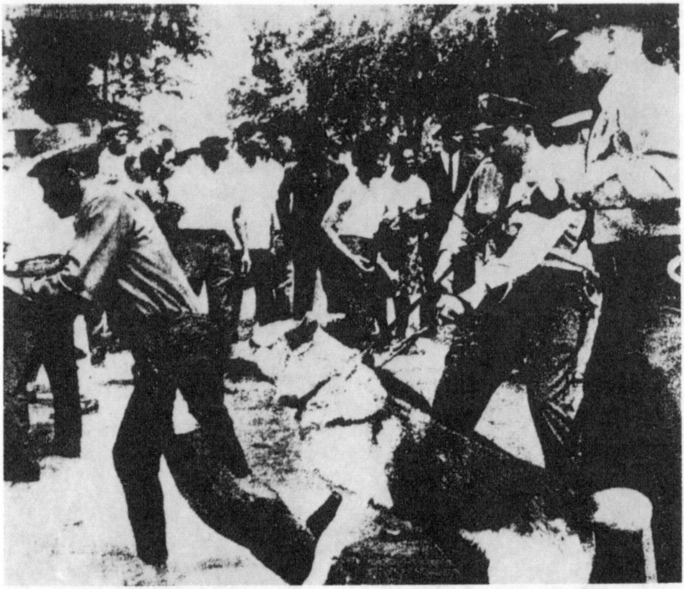

**Andy Warhol** »Race Riot«
1964

Der altmodische Stil dieser Momentaufnahme gehört Gott sei Dank längst der Vergangenheit an.
Aber die moderne Kunst kennt kein Vakuum.
Den Platz solch langweiliger Schöpfungen erobert eine neue, frische Künstlergeneration, wie zum Beispiel der weltberühmte Pop-Artist Andy Warhol, der verhätschelte Liebling der amerikanischen Magazine, mit seinen unerreichbaren Kompositionen.
Ich möchte mich für den schlechten Schwarzweißdruck entschuldigen. Andy Warhols Originalfoto war leider auch nicht schärfer.
Aber was spielt das schon für eine Rolle, wenn man Augenzeuge einer neuen künstlerischen Revolution sein darf.

Was hier zählt, ist die Tatsache, daß der eintönige Realismus ein für allemal vorbei und erledigt ist. Es gibt schließlich nichts Lästigeres als die Unsicherheit, ob ein Bild gemalt oder fotografiert wurde.
Dieses Problem stellt sich besonders bei den Werken des schicksalsgeplagten französischen Malers Toulouse-Lautrec, der das Leben der Pariser Nachtlokale in serviler Phantasielosigkeit auf die Leinwand übertragen hat.

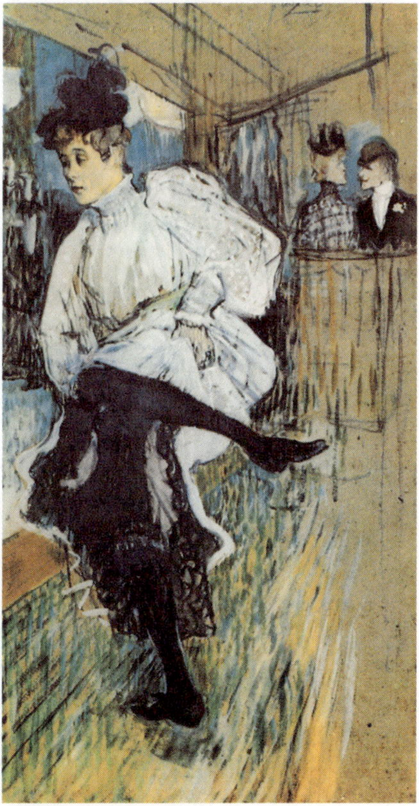

**Henri de Toulouse-Lautrec**
»Die Tänzerin Jane Avril«
Öl auf Leinwand
Paris, 1893

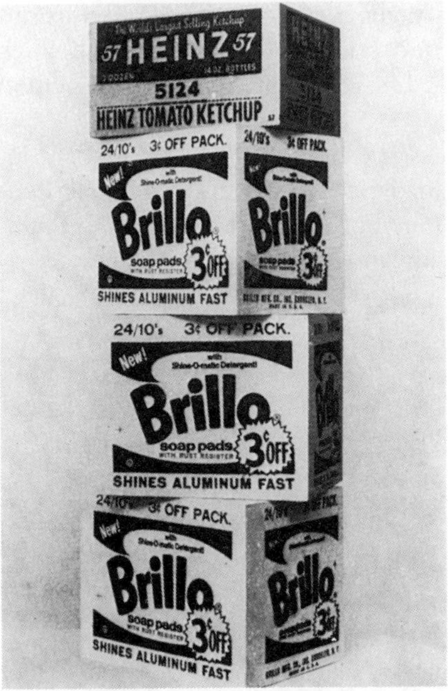


**Andy Warhol** »Brillo Boxes«
Darmstadt, 1964

Aber Andy rettete wieder einmal die Situation. Wo Toulouse-Lautrec bei der Wiedergabe der ihm immerhin so vertrauten Baratmosphäre so kläglich versagt, löst Andy das künstlerische Problem mit einem Fingerschnippen. In diesem Sinne darf ruhig erwähnt werden, daß es Andy Warhols vielkolportierter Wunschtraum ist, kein Mensch, sondern ein Automat zu sein. Allen Anzeichen nach hat es die Vorsehung gut mit ihm gemeint und seinen Wunsch erfüllt.
Andys Status in der Kunstwelt wurde mit »Brillo« unerschütterlich. Sein einziger ernsthafter Konkurrent ist der schon legendäre Robert Rauschenberg, der Mann, der die

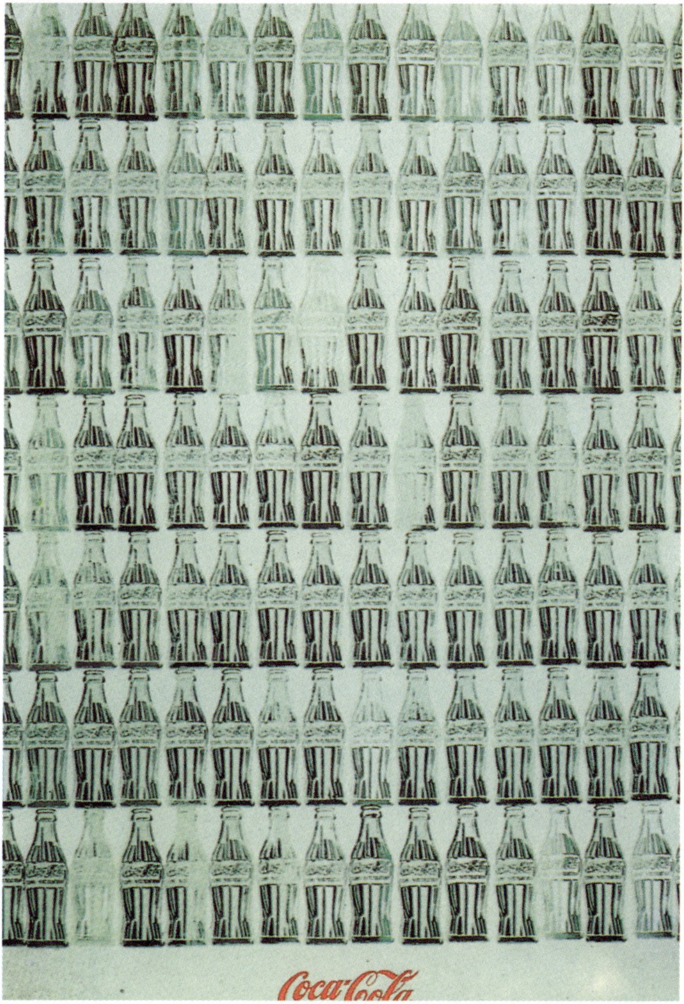

**Andy Warhol**
»Green Coca Cola Bottles«
1962

metaphysische Botschaft von Matratzen als erster entdeckt hat und der dafür mit einer ganzen Serie internationaler Preise belohnt wurde.
Der Welterfolg des vielseitigen Künstlers, der im Jahre 1950 einen Bilderrahmen ohne Leinwand ausgestellt hat, hat auch mich inspiriert, mein Glück in der zeitgenössischen Kunst zu versuchen. In meinem Film »Zieh den Stecker raus, das Wasser kocht« bereicherte ich die dort dargestellte Ausstellung mit einem funktionellen Klokomplex,

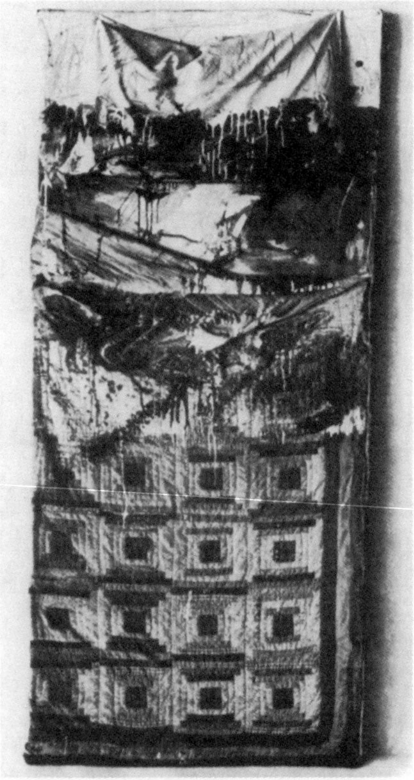

**Robert Rauschenberg**
»Bett«
New York, 1955

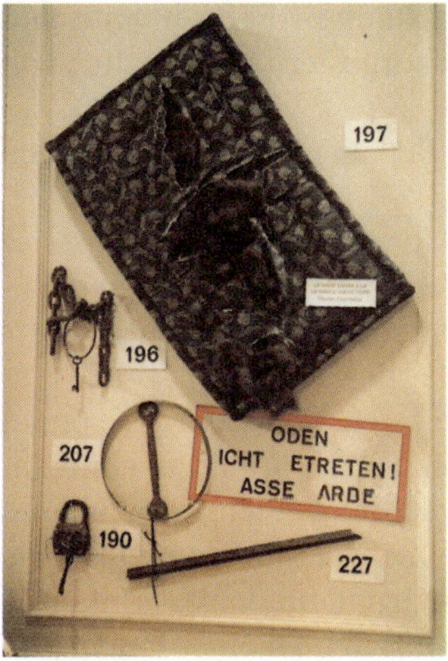


**Ephraim Kishon** »Le singe envire à la simple vue du tigre«
Grand Salon du Printemps
Paris, 1985

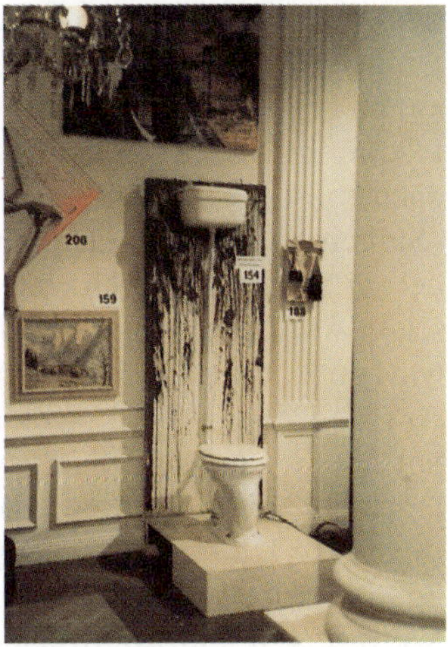

**Ephraim Kishon**
»Microcosmos 2003«
Kaolin, Holz und Spülwasser
Grand Salon du Printemps
Paris, 1985

der bei all meinen Mitarbeitern nachhaltigen Eindruck hinterließ. Besonders wirkungsvoll der vibrierende Effekt der anthropomorphen Entfremdung, als, bei Betätigung des Griffes, ein Kübel Wasser durch mein Kunstwerk spülte.

Während ich meine eigene moderne Ausstellung im Berliner Filmstudio aufbaute, fiel mir ein, daß ich vor vielen Jahren – es war bei einer großen Kunstausstellung in der Schweiz – zufällig Ohrenzeuge eines Dialogs zwischen einem amerikanischen Touristen und einem örtlichen Aufseher wurde:

»Hey, you«, wandte sich der Ami an das Amtsorgan. »Warum liegt da zwischen den Ausstellungsstücken dieser ramponierte Feuerlöscher herum?«

»Sir«, antwortete der Mann, »wenn Sie gestatten, dieser

Feuerlöscher trägt die Bezeichnung ›Farbsemantisches Utensil IV‹. Er wurde übrigens vorgestern von der Jury mit einem hohen Preis bedacht.«
Ich konnte nicht anders und ließ mich lachend auf den nächstbesten Stuhl fallen.
»Stehen Sie sofort auf, mein Herr«, sprang der Aufseher herbei. »Dieser Stuhl ist das Werk des renommierten belgischen Aktionisten Jean-Pierre Stampedusa-Bograschow. Es wird im Katalog mit 14500 Dollar bewertet.«
Auf den ersten Blick schien es sich bei diesem Exponat um einen ganz und gar gewöhnlichen Stuhl zu handeln. Doch eine aufmerksamere Betrachtung belehrte mich eines Besseren. Ich entdeckte, daß eines der vier Beine um eine Spur kürzer war. Das schien der Grund für den exorbitanten Kaufpreis zu sein. Natürlich geriet ich ob meines Fauxpas in arge Verlegenheit. Um meine Ehre zu retten, wies ich mit Kennermiene auf den in der Ecke des Ausstellungsraumes im Halbkreis geformten Sandhaufen:
»Höchst originell, dieses Exponat, ein wahrer, in die Au-

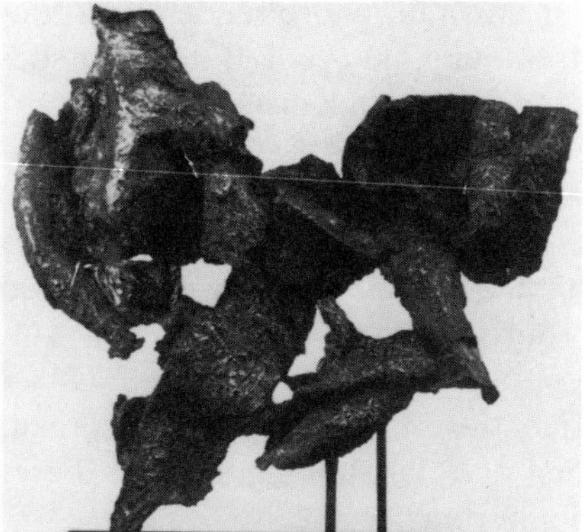

**Reuben Nakian**
»Olympia«, 1960

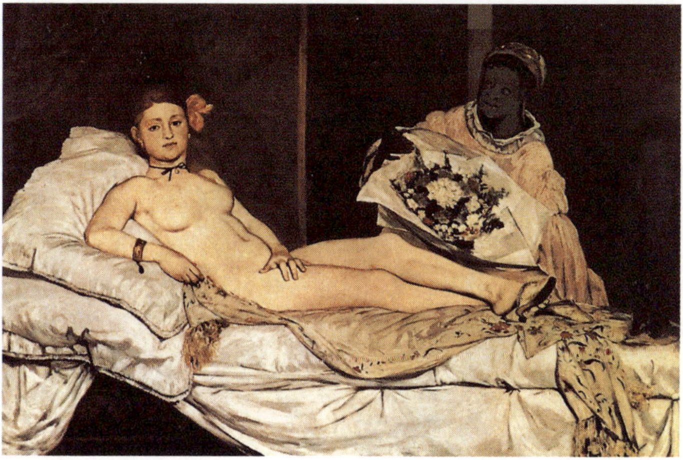

**Edouard Manet** »Olympia«
Ölgemälde, 1863

gen springender Ästhetizismus«, sagte ich. »Von wem ist das?«
»Von der Feuerwehr«, antwortete der Aufseher. »Er wurde gestern versehentlich hier verschüttet...«
So muß man also bei modernen Ausstellungen sehr vorsichtig sein. Selbst eine Tafel »Bitte die Kunstobjekte nicht berühren« kann ein Kunstwerk sein, vielleicht sogar ein rein metaphysisches.
Das ist ja eben das Phantastische am Abstrakten: es ist die Kunst der unbegrenzten Möglichkeiten. Da liegt auch seine unschlagbare Überlegenheit gegenüber der Klassik, die immer wieder dasselbe Motiv auf dieselbe Art produziert hat: Jesus und Madonna, Landschaften, Stilleben, Liebespaare, Segelschiffe, einfach zum Einschlafen...
Nein, meine Damen und Herren, die moderne Kunst mußte kommen, um die Kunst von sich selbst zu befreien.

**Barnett Newman**
»Tundra«, 1950

Aber seien wir ehrlich: Man kann auch die klassischen Maler nicht persönlich haftbar machen. Was hätten sie tun sollen? Wenn Leonardo da Vinci eine Dame mit einem geheimnisvollen Lächeln verewigen wollte, gab es für ihn nur eine Lösung, nur eine gültige Form. Die von Mona Lisa. Sah das Bild ihr ähnlich, gut. Wenn nicht, war das schlimm.

**Josef Albers**
»Composition in a Square«
1968

**Frank Stella** »Untitled«
signiert und datiert '61
auf der Rückseite

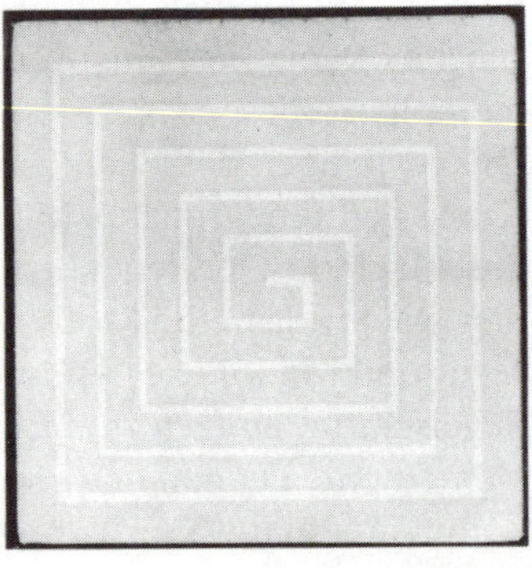

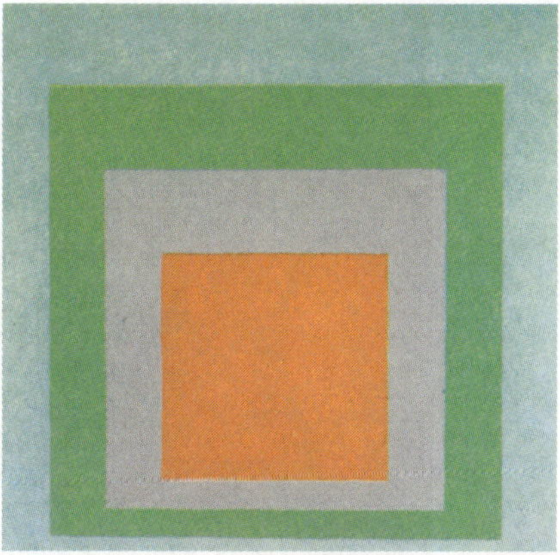

**Josef Albers**
»Homage to the Square
›Curious‹«, 1963

**Mark Rothko**
»Orange Yellow Orange«
1969

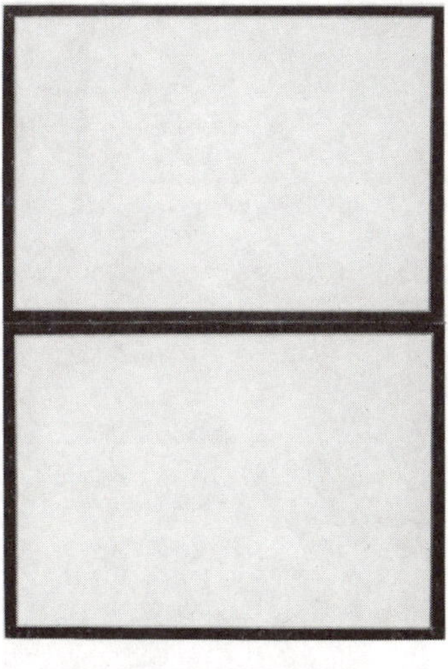

**Jo Baer**
»Untitled«
signiert und datiert '66–'74
auf der Rückseite

**Jules Olitski**
»Feast«, 1965

**Gene Davis**
»Untitled«

**Josef Albers**
»Squares: Blue and Col. Green in Carm. Green«
signiert und datiert '58

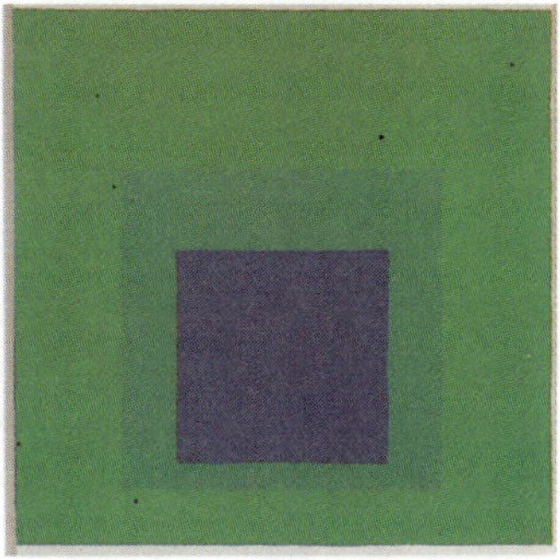

**Josef Albers**
»Homage to the Square: From Yellow to Brown«, 1957

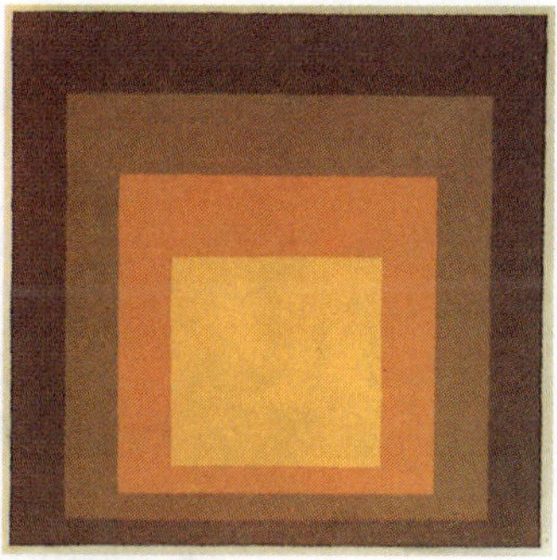

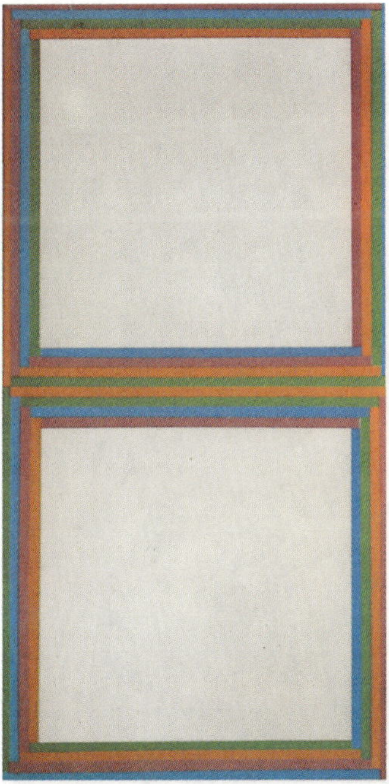

**Max Bill**
»Zwei weiße Zentren«
signiert und datiert 1969 auf der Rückseite

Aber heutzutage können die abstrakten Maler die richtige Lösung aus Millionen von Linien, Farben und Formen herausfiltern, und all das innerhalb von 10 Minuten. Und sogar ohne Modell.

Freiheit, endlich die langersehnte Freiheit!

Das also ist das Geheimnis, meine Herrschaften, deswegen ist die moderne Kunst so vielseitig, so überraschend, so neu.

In dieser Phase unseres Gesprächs kann jedoch die Frage nicht mehr ausbleiben, ob ich mir darüber im klaren bin, daß das Naziregime die Tendenzen der modernen Kunst und seine Künstler mit eiserner Faust unterdrückt hat.

**Henri Rousseau**
»Schlangenbeschwörerin«
Öl auf Leinwand, 1907
Louvre, Paris

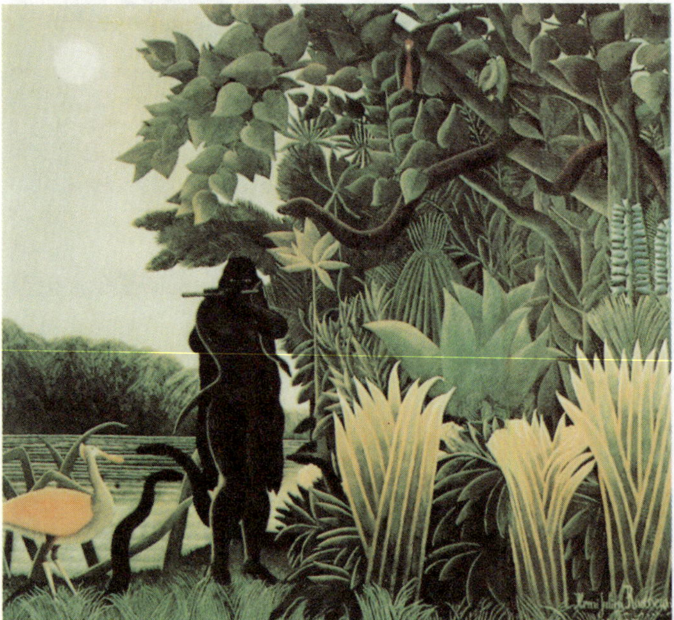

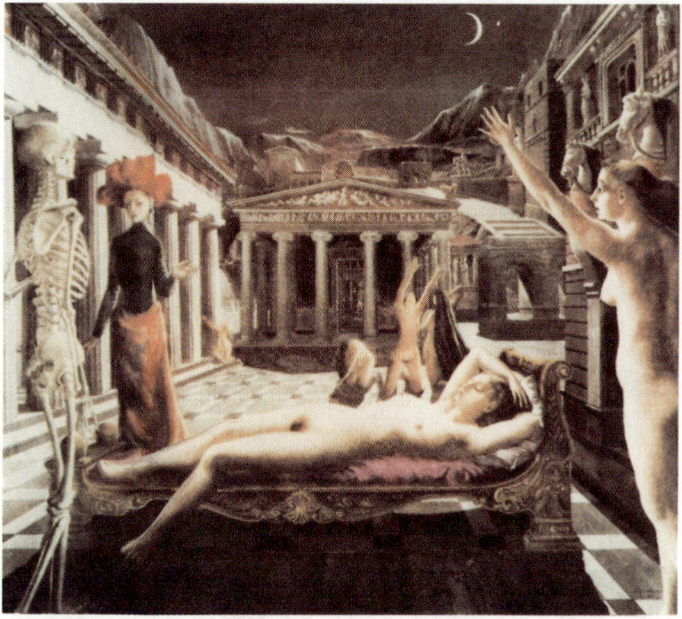

**Paul Delvaux** »Schlafende Venus«
Tate Gallery, London, 1944

Ja, natürlich weiß ich das. Aber, mit Verlaub, möchte ich doch festhalten: Nicht die Nazis werden meine Weltanschauung bestimmen. Wenn Hermann Göring Chopins Musik liebte, hätte ich sie zu hassen? Oder wenn Dr. Goebbels gegen den Stierkampf war, müßte ich unbedingt dafür sein? Nein, ich habe meine eigene Meinung. Deshalb bin ich, nebenbei gesagt, auch so etwas wie ein Schriftsteller.
Die Verwirrten unter uns sind diejenigen, die hinter meiner Meinung über die moderne Kunst politische Motive suchen. Und da ist die Reihe an mir zu fragen: Warum soll man nur über die Nazis sprechen, meine fortschrittlichen Freunde?

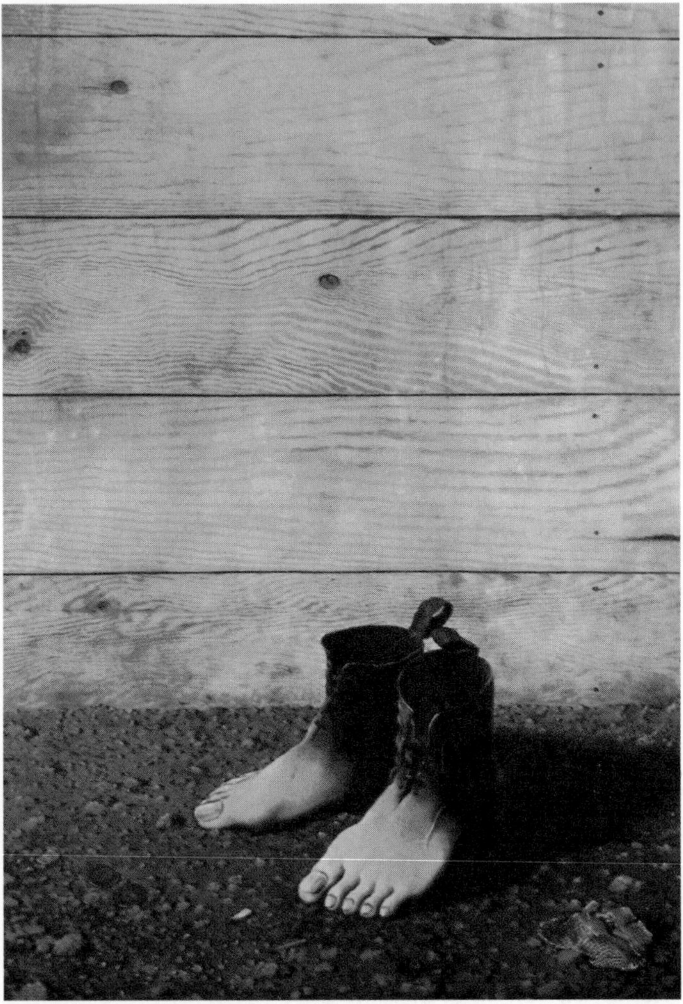

**René Magritte** »Le Modèle rouge«
Öl auf Leinwand, 1936

Warum reden wir nicht einmal über die sozialistischen Staaten des Ostblocks, in denen die moderne Kunst keinen Fuß fassen darf – außer für Exportzwecke nach dem Westen. Steht denn die fortschrittliche Malerei im Widerspruch zu den fortschrittlichen Regimen? Vielleicht passen die moderne Kunst und der Sozialismus einfach nicht zusammen? Na, so etwas...

Es soll hier allerdings festgehalten werden, daß der Schreiber dieser Zeilen ein fanatischer Anhänger der Gedanken-, Rede- und der künstlerischen Freiheit insgesamt ist. Nichts liegt mir ferner, als der modernen Kunst Fesseln anlegen zu wollen. Es wurden uns seit der Jahrhundertwende zahllose phänomenale Maler und Bildhauer geschenkt, die dem klassischen Stil nicht mehr folgen, ohne aber alle seine Elemente zu zerstören.

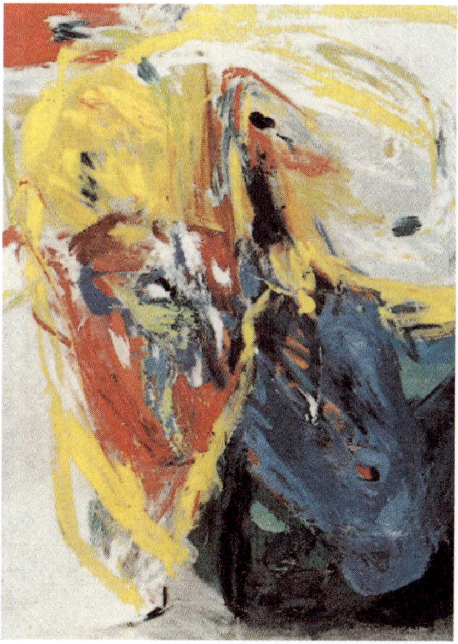

**Asger Jorn**
»You never know«
1966

Wer schätzt nicht Marc Chagalls phantasievolle Farben, wer ist nicht begeistert von Henri Rousseaus Landschaften? Ich für meinen Teil genieße besonders den Reiz, den Bernard Buffets und Amedeo Modiglianis Bilder ausüben, aber ich bin ebenso beeindruckt von der lyrischen Schönheit in den Werken von Paul Delvaux, Leonor Fini und Andrew Wyeth, der in Amerika wie die großen flämischen Meister malt. Ich begeistere mich aber auch für die Maler der Wiener Schule: Fuchs, Brauer, Hutter, Hausner, Proksch und ihre Schüler, die malen und nicht reden lernen. Es gibt auch einen Salvador Dali, der mit seinem Pinsel bewiesen hat, daß Rembrandts Virtuosität auch in der Moderne ihre Berechtigung hat. Und nicht zuletzt bin ich in den sprudelnden Humor von René Magritte einfach verliebt.
Ja, auch all jene sind Maler von heute, nur ist ihre Muse zurechnungsfähig. Sie sprechen das Gefühl an, ohne unserem Verstand einen Fußtritt zu versetzen.
Wie dem auch sei, ich klage weder den modernen Maler noch den Kritiker oder den Kunsthändler an. Sie tun nur ihre Pflicht. Schließlich hat jeder das Recht, den Erfolg dort zu suchen, wo man ihn verteilt.
Die Schuld an diesem gigantischen Bluff, am weltweiten Terror des modernen Establishments lastet eindeutig auf den schmalen Schultern des breiten Publikums. Schuld sind die gebildeten Aufgeklärten, die sich nicht trauen, endlich den Mund aufzumachen. Schuld sind die Feiglinge, die sich Jahr für Jahr vor dem zum Konsul avancierten Pferd verneigen und schweigen, mit gesenktem Blick und betreten schweigen.
Ich schweige nicht. Gott sei meiner armen Seele gnädig.

# Zieh den Stecker raus, das Wasser kocht

*Satirische Farce*

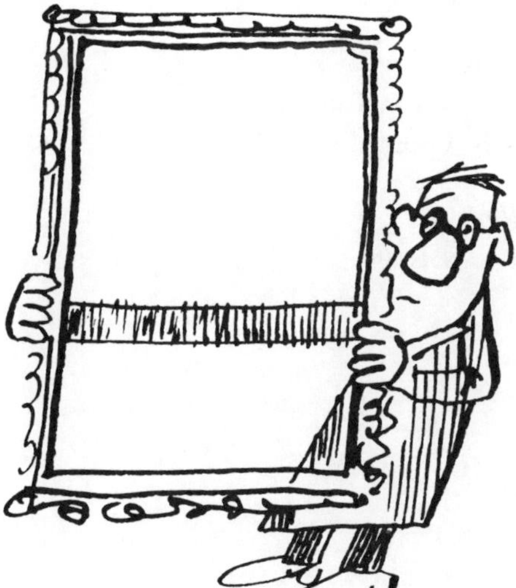

## *Personen*

*Die Israeli:*
Raphael Schlesinger, ein unbekannter Maler
Dahlia, sein Modell
Kalman M. Kaschtan, ein bekannter Kunstkritiker
Joseph Pickler, Kunsthändler und Mäzen
Dan Meron, Rundfunkreporter

*Die Franzosen:*
Mon Chéri, ein Modell
Gogo (Gortschenko), ein Bildhauer
Jacquot, ein Maler
Alter Galeriediener
Junger Galeriediener
Der Galeriebesitzer
Der Verkehrsminister
Ein Polizist

*Zwei Amerikaner:*
Harry S. Green, ein Tourist
Mrs. Harry S. Green, seine Frau

*Und ein Holländer:*
Rembrandt van Rijn

# Erster Akt

## *Erste Szene*

*Das unordentliche Zimmer eines israelischen Junggesellen, das gleichzeitig sein Atelier ist. Überall liegen Bilder in den unterschiedlichsten Entwicklungsstadien herum, auch etliche Büsten, und fast alle stellen Dahlia dar, das ständige Modell des Künstlers Raphael Schlesinger. Einige Bilder sind Stilleben. Irgendwo an der Seite steht ein wackliges Tischchen. Daran ist ein Besen festgebunden. Er stützt eine Art Vorhang, der am andern Ende an einem Sessel befestigt ist. Hinter diesem Vorhang steht die nackte Dahlia Modell. Die Beleuchtung besteht aus einer Birne, die von der Decke herunterhängt. Im Vordergrund steht auf dem Fußboden ein altmodischer elektrischer Kessel. Irgendwo ein kleines Grammophon.*

*In der Mitte des Zimmers arbeitet Raphael an Dahlias Akt. Das Bild zeigt sie von hinten, bis zu den Hüften hinunter, in der gleichen Stellung, in der sie sich auf der Bühne befindet. Aber sie steht, wie erwähnt, hinter dem schäbigen Vorhang, und daher können die Zuschauer sie bedauerlicherweise fast nicht sehen.*

*Sie blättert gelangweilt in einer Zeitung.*

*Kecke, fröhliche Musik, bevor der Vorhang aufgeht.*

RAPHAEL *ein junger, bißchen schüchterner Künstler mit einem stillen Humor, trägt Farbe auf die Leinwand auf, die an einen Sessel gelehnt ist. Ab und zu wischt er gedankenlos seinen Pinsel oder die Hände an seinem Arbeitskittel ab, der, lang, lang ist's her, einmal weiß gewesen sein muß.*

RAPHAEL: Mußt du denn immer lesen?

DAHLIA *(ein natürliches Mädchen, offenherzig und hübsch)*: Mir ist so langweilig. *(Sie schreit plötzlich)*: Ach!

RAPHAEL *(schreit auch)*: Ach? Was ist denn?

DAHLIA *(deutet über den Vorhang in den Zuschauerraum)*: Sie glotzen schon wieder!

RAPHAEL: Ach was, kein Mensch glotzt.

DAHLIA: Doch! Sie sitzen da hinter den Fenstern und glotzen! Haben sie denn noch nie ein Mädchen ohne Kleider gesehen?

RAPHAEL: Um Himmels willen, du stehst ja hinter dem Vorhang.

DAHLIA: Arme Schlucker.

RAPHAEL: Still, still, sei doch nicht so nervös.

DAHLIA: Ich bin müde.

RAPHAEL: Hör mal zu, wenn's dir nicht paßt, dann hören wir eben auf...

DAHLIA: Schon gut, schon gut, sei doch nicht so empfindlich. Raphi, bist du böse?

RAPHAEL *(schmunzelnd)*: Furchtbar!

DAHLIA: Auf dein erstes Modell?

RAPHAEL: Du bist nicht das erste, du bist das fünfte.

DAHLIA: Wer waren denn die vor mir?

RAPHAEL: Zwei Bananen, eine Flasche Eierlikör und meine Mutter. *(Betrachtet seiner Hände Werk)* Schön! Was hast du für einen schönen Rücken. Zieh dich an, mach rasch!

DAHLIA: Warum denn?

RAPHAEL: Weil ich dich schnell mal küssen möchte.

DAHLIA: Du hast schon wieder deinen Kittel bekleckert!

RAPHAEL: Bloß mit hellen Farben.

DAHLIA *(ihre Kleider, die über dem Vorhang hängen, verschwinden Stück für Stück)*: Raphi, du mußt mal was anderes malen, nicht immer nur mich. Bilder, wie sie im Museum hängen.

RAPHAEL *zieht unter der Matratze eine Bibel hervor und blättert darin.*

DAHLIA: Warum bist du denn so still?

RAPHAEL: Ich lese in der Bibel.

DAHLIA *(besorgt)*: Wieso, ist was passiert?

RAPHAEL: Ich denke schon lange über eine große, historische Komposition nach, in Öl. Nicht unbedingt realistisch, aber fast. Etwas wirklich Großes. Hörst du mir überhaupt zu?

DAHLIA: Doch, sehr schön. Geschichte ist immer gut.

RAPHAEL: Josua, wie er die Könige der Amoriter schlägt. Er steht auf dem Gipfel eines hohen Berges, umringt von einer Menge Soldaten... Helle, aber gedämpfte Farben... »Sonne, steh still über Gibeon, Raphael Schlesinger 1985«...

DAHLIA *(kommt fertig angezogen hinter dem Vorhang hervor)*: 95, wie ich dich kenne.

RAPHAEL: Das Thema muß noch in meinem Geist ausreifen. Große Kunstwerke werden nicht über Nacht geboren.

DAHLIA: Dabei fällt mir ein, Herr Schlesinger, Sie schulden mir ein Vermögen, gestern mitgerechnet.

RAPHAEL: Stimmt. *(Durchwühlt seine Taschen)* Ich hab' keinen Penny.

DAHLIA *(setzt sich aufs Bett. Zieht unter sich ein halbfertiges Firmenschild hervor)*: Oh! »Gurfinkel & Co., Baumaterialien«... Was ist denn das?

RAPHAEL *(schamrot)*: Das ist »Sonne, steh still über Gibeon«. Wenigstens vorläufig.

DAHLIA: Immerhin, schöne Buchstaben.

RAPHAEL: Was soll ich denn machen? Meine Bilder kauft ja doch keiner. *(Setzt sich auf den Sessel, an dem der Vorhang festgebunden ist. Da ein Bein abgebrochen ist, kippt Raphael damit um)* Bitte erzähl meiner Mutter nicht, daß ich so was male. Sie hat sich gerade damit abgefunden, daß ich ein Künstler bin. »Macht ja nichts«, sagt sie, »Maler kommen in den besten Familien vor.« Und was kommt bei mir vor? »Gurfinkel & Co.«! Ich bin ein Versager.

DAHLIA: Das ist nicht wahr. Du bist ein Genie, Raphi. Du bist der begabteste Künstler, den ich kenne. Jedenfalls in dieser Gegend. Über solche Schilder schnippst du später mal mit den Fingern.

RAPHAEL: Im Augenblick leb' ich aber davon.

DAHLIA *(nimmt Geld aus ihrem Portemonnaie)*: Raphi, da ein Vorschuß.

RAPHAEL: Kommt gar nicht in Frage!

DAHLIA: Ich gebe bei dir mein Porträt in Auftrag.

RAPHAEL: Dein Porträt? Ich hab' schon zehn gemacht, wenn du nichts dagegen hast. Und zwei Büsten. Nein, Dahlia, vielen Dank, aber das geht zu weit. *(Nimmt das Geld)* Na gut. Als Leihgabe. Ich betrachte das sozusagen als Leihgabe.

DAHLIA *(küßt ihn. Raphael erwidert den Kuß reichlich ungeschickt)*: Ich mach' uns Tee. Setz mal das Wasser auf!

RAPHAEL *(nimmt den Kessel vom Fußboden, stellt ihn auf den Tisch, klettert dann auf den Tisch und steckt den Stecker in die Steckdose der Lampe, die von der Decke herabhängt)*: Ich verdiene eigentlich ganz gut mit solchen Schildern. Gestern hab' ich eins für unsern Lebensmittelhändler gemacht. Neunzig Pfund hat er rausgerückt dafür.

DAHLIA: Und wo ist das Geld?

RAPHAEL: Weg.

DAHLIA: Wohin?

RAPHAEL: Nach Holland. *(Taucht unters Bett, kommt wieder zum Vorschein mit einem Druck von Rembrandts berühmtem Selbstporträt)* Ich hab' einen Antiquitätenhändler entdeckt, mit ziemlich zivilen Preisen. Da konnte ich nicht widerstehen. Rembrandts Porträt.

DAHLIA: Mensch, hat der eine große Nase.

RAPHAEL: Ich könnte ihn stundenlang betrachten. Welch ein dramatisches Widerspiel von Licht und Schatten! Dahlia, ich rede mit dir ...

DAHLIA: Ja. Schatten.

RAPHAEL: Er liebt warme Farben, weich wie Samt, damit sich die leuchtenden davon abheben. Er ist der größte

Maler des 17. Jahrhunderts. Vielleicht der größte überhaupt.

DAHLIA: Warum sieht er dann so traurig aus?

RAPHAEL: Die wußten noch, wie man zeichnet, mein Schatz. Wenn man ein Künstler sein wollte, mußte man zeichnen können. Und heute? *(Zieht eine Zeitung unter der Matratze heraus und gibt sie Dahlia)* Lies das, lies!

DAHLIA: »Orgie auf der Polizeistation ...«

RAPHAEL: Nein, hier die Kritik.

DAHLIA: Von Kalman M. Kaschtan?

RAPHAEL: Kalman M. Kaschtan, der große Kunstkritiker.

DAHLIA: Das interessiert mich nicht.

RAPHAEL: Lies mal, tu mir den Gefallen und lies das mal.

DAHLIA: *(liest, Raphael murmelt ihr den Text nach)*: Ein neues bildhauerisch-malerisches Talent mit einer zutiefst gefühlsbedingten Massage ...

RAPHAEL: Message!

DAHLIA: Message und einer kristallischen Clarté ... einer hämmernden Synkope ... kehrte in dieser Woche aus dem Ausland zurück mit Kreationen in Metall und Gouache ... Ich versteh' kein Wort. Was bedeutet Synkope?

RAPHAEL: Virus.

DAHLIA: Virus?

RAPHAEL: Ja, Virus. Wenn die Ärzte deine Krankheit nicht erkennen können, sagen sie »Virus«. Was für die Ärzte der Virus ist, ist für die Kritiker die Synkope ... Weißt du, wer dies Genie ist, mit der zutiefst gefühlsbedingten »Massage«? Das ist Mischa, der Gipsmischer, Schande des Jahrgangs 72. In der Kunstschule haben ihm die Lehrer eine brillante Karriere prophezeit. »Mischa, Mischa«, sagten sie immer, »du bist der geborene Gipsmischer.« *(Dahlia lacht)* Damals haben wir auch gelacht. *(Mit wachsendem Zorn)* Aber in diesem Jahr, mein liebes Kind, erhielt »der Gipsmischer« eine Silbermedaille in Venedig! Zweiter Preis! Und wofür wohl? Für eine aufgemöbelte

Kontrolltafel mit Schaltern und Drähten und dergleichen. Die hatte er auf einem Schuttplatz geklaut und mit Farbe beschmiert – Synkope!

DAHLIA: Schrei mich nicht an, ich kann doch nichts dafür. So schreiben die Kritiker nun mal.

RAPHAEL: Stimmt. Aber früher war das anders. Vor hundert Jahren erklärten sie die Genies des Impressionismus zu Scharlatanen, heutzutage machen sie den Scharlatan zum Genie.

DAHLIA: Bist du ein Impressionist?

RAPHAEL: Nein, ich bin wütend. Ich möchte so gern einmal ausgestellt werden, Dahlia, so wahnsinnig gern. Aber Herr Kalman M. Kaschtan, der vor der Elektrosynkope in Ohnmacht fällt, würde nicht einmal einen Blick auf meine Arbeiten verschwenden.

DAHLIA: Woher weißt du das?

RAPHAEL: Weil ich ihn gefragt habe. Er ist der wichtigste Kunstkritiker des Landes. Eine Zeile von ihm, und du bist gemacht. Ich habe ihm einen Brief geschrieben und ihn sehr höflich gebeten, doch einmal in mein Atelier zu kommen. Er hat es nie getan.

DAHLIA: Davon hast du mir gar nichts erzählt.

RAPHAEL: Ich habe mich geschämt, daß ich diesen Idioten gebeten hatte.

DAHLIA: Nur gut, daß du nicht zu ihm nach Hause gegangen bist.

RAPHAEL: Ja... Ich bin aber gegangen! Eineinhalb Stunden hab' ich vor seiner Tür gewartet. »Eines Tages, bald, werde ich ein wenig Zeit für Sie erübrigen können, junger Mann«, sagte Kalman M. Kaschtan und notierte sich meine Adresse. »Bald!« *(Raphael tritt nach einem Stuhl und läßt ihn fliegen)* Au!

DAHLIA: Mensch, hast du heute eine Laune!

RAPHAEL: Na schön, ich will ihnen eine solche Synkope fabrizieren, die alle anderen Synkopen synkopiert!

DAHLIA: Raphi, was ist nur in dich gefahren?

RAPHAEL *(zieht unter seinem Bett, das offenbar eine Art Warenlager ist, eine große Leinwand hervor und zerrt sie auf die andere Seite des Zimmers, vor das wacklige Tischchen)*: Welch ein Glück, daß ich diese Leinwand für »Sonne, steh still über Gibeon« gekauft habe...

DAHLIA: Raphi, du bist ja verrückt.

RAPHAEL: Verrückt? Ich wollte, ich wär's. Das ist heute ein Garantieschein für Erfolg.

*Mit schwungvoller Bewegung befördert er den Sessel mit dem abgebrochenen Bein auf den Tisch und davor die Leinwand, dann stellt er einen Fußschemel auf den Sessel.*

DAHLIA: Was machst du denn da?

RAPHAEL: Wir wollen sie in Rieseltechnik bemalen, von oben.

DAHLIA: Raphi, du trittst auf die Leinwand!

RAPHAEL: Na und? Das wird der Hintergrund! *(Beginnt einen kurzen, aber feurigen spanischen Tanz auf der Leinwand, die auf dem Fußboden ausgebreitet liegt)* Spanische Schule! Olé! *(Klettert auf den Tisch)*

DAHLIA: Paß auf, der Stuhl! *(Sie schiebt rasch die Bibel unter das abgebrochene Stuhlbein)*

RAPHAEL *(setzt sich auf den Schemel)*: Moderne Kunst, mein Liebling, war schon immer eine Frage des Mutes. Inspiration!

DAHLIA: Was?

RAPHAEL: Musik! Ich brauche inspirierende Musik!

DAHLIA *(öffnet das Grammophon)*: »Da, da, da...«

RAPHAEL *stimmt in den Schlager ein, nach dessen Takt er die Tuben ausdrückt. Dahlia wirft ihm die Tuben hinauf. Die Farben Rot, Grün und Gelb klatschen auf die Leinwand.*

DAHLIA *(fällt ein in Raphaels Song, mehr noch, sie faltet die Leinwand und tanzt darauf mit Raphael, der vom Tisch herunterspringt. Beide sind in ausgelassener Stimmung.*

*Sie hängen die Leinwand an die Wand)*: Ich kann mir nicht helfen, ich finde es gar nicht mal so schlecht...

RAPHAEL: Sag' ich dir doch! Eine Synkope, wie sie leibt und lebt.

DAHLIA *(läßt sich aufs Bett fallen)*: Raphi, der rote Fleck da sieht wie der feurige Busch aus.

RAPHAEL: Ich halte es eher für Gulasch. Damit haben wir den Gipfel des freien Ausdrucks erreicht.

DAHLIA: Und wie soll es heißen?

RAPHAEL: Opus!

DAHLIA: Opus 7!

RAPHAEL: »7«? Nein, nein, mindestens Opus 37! Nein, ist auch nicht gut...

DAHLIA: Soviel ich weiß, nehmen sie immer viel längere Namen.

RAPHAEL: Na schön: »Träume in der Dämmerung«.

DAHLIA: Träume?

RAPHAEL: Gut, »Schäume«. *(Steht auf)* Dann müssen wir es anders herum aufhängen.

DAHLIA: Ach, Raphi, wenn das deine Mutter wüßte...

RAPHAEL: Jetzt hab' ich's! Ich hab' den Titel! *(Deutet theatralisch auf die riesige Leinwand)* »Meine Mutter«!

DAHLIA: Ach, ist das schön!

RAPHAEL: Nein, das ist noch nicht universal genug. *(Es klopft an der Tür)* Augenblick bitte! ... »Die Mutter«! Ja, das ist es. »Die Mutter«. *(Erneutes Klopfen)*

DAHLIA: Wer ist da?

KASCHTAN *(von draußen)*: Kalman M. Kaschtan.

*Die beiden erstarren, ihnen hat es die Sprache verschlagen. Diesmal dringlicheres Klopfen. Plötzlich rennen sie durchs Zimmer und versuchen, etwas Ordnung zu schaffen.*

RAPHAEL *(mit Falsettstimme)*: Ja, nur noch einen Augenblick! *(Erneutes Klopfen, Raphael will gerade öffnen, als)*

DAHLIA *(hinter ihm herruft)*: Raphi, du siehst unmöglich aus!

RAPHAEL: Oh! *(Reißt seinen dreckigen Kittel herunter und*

*schleudert ihn in einen Koffer unterm Bett)* Ich komme schon!

DAHLIA *(deutet auf Raphaels bloßen Oberkörper)*: Raphi, du bist ja nackt! *(Ruft zur Tür)*: Moment, bitte...

RAPHAEL *(zieht seinen dreckigen Kittel wieder an. Ungeduldiges Pochen an der Tür. Raphael öffnet die Tür, zitternd vor Aufregung. Mit unnatürlicher Stimme)*: Darf ich bitten...

KASCHTAN *(in mittleren Jahren, mit intellektuellen Zügen. Jede seiner Bewegungen drückt Selbstbewußtsein und Würde aus. Tritt gemessenen Schrittes ein, den Regenschirm in der Hand)*: Guten Tag, Herr Schlesinger.

RAPHAEL *streckt die Hand hin, völlig verwirrt und sprachlos, nimmt ihm den Regenschirm ab, den er bis zum Ende der Szene nicht mehr losläßt.*

KASCHTAN: Ziemlich unbeständiges Wetter heute. Leider bin ich etwas pressiert, daher komme ich nur auf einen Sprung herauf. *(Entdeckt Dahlia)* Frau Schlesinger?

DAHLIA: Ja! Nein, noch nicht. Ich heiße Dahlia.

KASCHTAN: Bezaubernd.

DAHLIA: Ich bin sein Modell.

KASCHTAN *(überfliegt die Bilder im Zimmer)*: Das sehe ich. Ihr Freund versucht, Sie unsterblich zu machen. Aber in Wirklichkeit sind Sie viel hübscher.

DAHLIA: Danke schön. Darf ich Ihnen eine Tasse Tee anbieten, Herr Kaschtan?

KASCHTAN: Gern. Mit Kognak, wenn möglich, mit viel Kognak.

DAHLIA: Ja!... Wir haben leider keinen Kognak im Haus.

RAPHAEL: Das nächste Mal ist bestimmt welcher da. *(Zu Dahlia)* Kognak!

DAHLIA *setzt den Teekessel auf den Fußschemel über dem Stuhl mit dem zerbrochenen Bein, der, wie wir uns erinnern, auf dem Tisch steht.*

KASCHTAN: Dies ist also Herrn Schlesingers Atelier.

RAPHAEL: Ja, er wohnt hier. *(Dahlia stößt verstohlen das Schild mit Gurfinkel & Co. unters Bett)* Das heißt, ich... soweit das möglich ist... wir räumen gerade um...

KASCHTAN *(wandelt von Bild zu Bild, von Skulptur zu Skulptur, bleibt vor dem Porträt Rembrandts stehen)*: Reproduktion!

RAPHAEL: Ja. Ist kein echter Rembrandt.

KASCHTAN: Eindeutig. *(Lächelt selbstgefällig, zeigt auf eine halbfertige Gipsbüste)* Der Raum zwischen den Formen ist wichtiger als die Form selbst, wie zum Beispiel bei den primitiven Plastiken.

RAPHAEL: Ja, natürlich. Ich werde sofort nachschauen.

KASCHTAN *(vor einem Gemälde)*: Gouache?

RAPHAEL: Gouache!

DAHLIA: Gouache! *(tauscht fortwährend Blicke und Zeichen mit Raphael aus, der dem Kritiker auf den Fersen folgt. Hochspannung)*

KASCHTAN *(bleibt vor der großen Leinwand stehen)*: Dies soll wohl das Meisterstück sein, was?

RAPHAEL: Ja. Vorsicht, frisch gestrichen!

KASCHTAN: Total abstrakt.

RAPHAEL: Ja, ich dachte, wenn schon, denn schon.

KASCHTAN *(ganz ruhig)*: Ekelhaft.

RAPHAEL: Danke! ... Bitte?

KASCHTAN: Ekelhaft, sage ich. Das ist weder gemalt noch abstrakt, sondern einfach eine Unverschämtheit.

RAPHAEL *(flau)*: Nein...

DAHLIA: Bitte nicht...

KASCHTAN *(mit wachsendem Zorn)*: Ihr jungen Dachse bildet euch ein, es genügt, ein Pfund Farbe auf die Leinwand zu schmieren, und schon sind Sie ein moderner Maler. Ich wäre bereit, diese Scheußlichkeit für einen schlechten Scherz hinzunehmen, Herr Schlesinger, wenn auch nur der leiseste Humor dahintersteckte. Aber das ist hier ein Abrakadabra! Ein Nichts! Wenn Sie sich schon die Unverfrorenheit herausnehmen, mich zur Besichtigung Ihres »Ateliers« einzuladen... hätten Sie mir wenigstens etwas Originelles... anbieten müssen...

*Der Kritiker verstummt, weil er auf der anderen Seite des Zimmers den sonderbaren Turm aus Tisch-Stuhl-Schemel-Teekessel gewahr geworden ist. Richtig ausgeleuchtet, geht davon eine gewisse Harmonie, etwas Dekoratives aus: wie die elektrische Schnur aufwärts, nach der Decke hin führt, von der Bibel unter dem abgebrochenen Bein, von Besen und Vorhang. Kaschtan schreitet auf den »Turm« zu und putzt seine Brillengläser.*

KASCHTAN: Wann haben Sie das gemacht?

RAPHAEL: Was gemacht?

DAHLIA: Eben.

RAPHAEL: Was eben?

DAHLIA: Er hat es gerade vollendet, Herr Kaschtan. *(Flüstert Raphael zu)* Verstehst du denn nicht?

RAPHAEL: Was?

KASCHTAN: Großartig! Junger Mann, hier bemühen Sie sich offenbar um eine Art Plastik in der Manier der »Naiven« oder der Pop Art. Aber ich sage Ihnen, daß dies höchst konkret ein dreidimensionales Gemälde ist, und zwar, was mehr besagen will, ein Meisterwerk. Beinahe ein Meisterwerk. *(Raphael ist sprachlos)* Das ist Ihre Stärke, Herr Schlesinger. Da sind Sie wirklich zu Hause. Lassen Sie die Finger von solchem experimentellen Geschmier. Wie war doch der Name?

RAPHAEL: Raphael Schlesinger.

KASCHTAN: Nein, das da meine ich. *(Deutet auf den Turm)*

DAHLIA: Tee, Herr Kaschtan?

KASCHTAN: Ja, meine Liebe, danke. Wie soll es heißen?

RAPHAEL *(zögernd)*: Opus?

KASCHTAN: Wie?

RAPHAEL: Meine Mutter.

KASCHTAN: Ich fragte, wie dies Werk heißen soll.

DAHLIA: Raphi, zieh den Stecker raus, das Wasser kocht!

KASCHTAN *(wiederholt nachdenklich)*: »Zieh den Stecker raus, das Wasser kocht«. Sehr origineller Name.

RAPHAEL: Das ... das ist doch ... nicht ...

KASCHTAN: Junger Mann, Sie glauben doch wohl nicht, mir begegnet der konstruktive Symbolismus zum ersten Mal? »Zieh den Stecker raus« – mach dich frei von der Körperhaftigkeit, von der vulgären erdgebundenen Körperhaftigkeit, von den Übeln der Zivilisation, von Elektrizität, den Nerven usw. Ist es nicht so?

DAHLIA: Ja, unbedingt.

KASCHTAN: Fliehe, fliege, steige empor, himmelwärts, »Das Wasser kocht« – mit andern Worten, die neue Sintflut kommt über uns, und es gibt kein Entkommen, es sei denn in deinem Heim, deinem Hausrat, an deinem Herd. Stimmt's?

RAPHAEL: Ja.

DAHLIA: Sag danke schön.

RAPHAEL: Danke schön.

KASCHTAN: Die Assoziation ist kristallklar, ich bin versucht zu sagen, sogar zu einleuchtend. Aber meine Damen und Herren, fassen Sie das bitte nicht als Kritik auf. Hier die Bibel auf dem Tisch zum Beispiel ist so unvermeidlich – und so schön! Die angsteinflößende Genesis einer neuen Welt springt uns in die Augen, mit wilden Akkorden einer primitiven Existenz, und das inmitten eines Zeitalters, in dem die Grenzen zwischen dem Lebenden und Unbelebten verschwimmen, all dies im Schatten des gotischen Bogens, der hier im Stil des Cinquecento in eine Spitze ausläuft, harmonisch verknüpft durch eine Art mystischer, urmännlicher Ironie, einmündend in einen allmächtigen Mahlstrom von Antik und Modern, Tragödie und Libido sowie, verzeihen Sie, sogar in einen Grad von Monstrosität. Bravo!

RAPHAEL: Danke!

KASCHTAN: Seit neun langen Jahren, seit Brozu und Jan Kochian den Konstruktivismus entdeckten, bin ich, aufrichtig gesagt, einem solchen Geysir der totalen Revolte gegen antiquierte Konventionen nicht mehr begegnet! ... Und erst dieser provokative Kessel... *(Er berührt den Kessel, verbrennt sich die Hand, strahlt)* Kocht das Wasser immer darin, kocht immer Wasser darin?

DAHLIA: Immer.

KASCHTAN: Umwerfend! Verstehen Sie denn nicht? Dies ist eine gänzlich neue Dimension, sogar nach den Kanons der klassischen »Art Sacre«. Dies ist eine echte Revolution. Begreifen Sie wohl, meine Damen und Herren? Dies ist die erste heiße Plastik! *(Packt Raphael bei den Schultern und schüttelt ihn)* Sie!... Sie!... Junge, Sie sind... ein Künstler!

RAPHAEL *macht sich los, bringt ihm das Porträt der nackten Dahlia.*

KASCHTAN: Ach, hören Sie doch auf mit dem Unfug!

RAPHAEL: Verzeihung...

KASCHTAN: Verschonen Sie mich mit Ihrem Pseudo-Pictorialismus. Das haben Sie doch nicht nötig, Schlesinger. Überlassen Sie das den Kopisten. Hier liegt Ihre Zukunft, in »Zieh den Stecker raus, das Wasser kocht«. Das ist doch wunderbar! Ein plastisches Bild vom Leben selbst, gebildet aus Hausrat, aus Mobiliar! Mobiliar! Ja, das ist der richtige Ausdruck dafür: sich erhebendes, aufsteigendes Mobiliar, seinen Gott suchend – konisches Mobiliar!

*Raphael und Dahlia bemühen sich verzweifelt, das Lachen zu verbeißen, das sie mit unwiderstehlicher Gewalt zu zerreißen droht.*

DAHLIA: Vielen Dank. Tee... Herr Kaschtan?...

KASCHTAN: Dafür bin ich jetzt viel zu aufgeregt, meine Liebe. Das nächste Mal. Von jetzt an müssen wir öfter zusammenkommen. *(Als der Kritiker ihm die Hand schüttelt, erstickt Raphael vor unterdrücktem Lachen)*

Herr Schlesinger, Ihr Name wird bald in aller Mund sein. Darauf können Sie sich verlassen. *(Küßt Dahlia die Hand)* Meine Liebe, es war ein Vergnügen, Sie kennengelernt zu haben. Au revoir. *(Noch ein letzter Blick auf den Turm, dann geht er)*

DAHLIA *(macht Raphael ein Zeichen, nicht zu lachen, solange Kaschtan noch in Hörweite sein könnte)*: Sei doch nicht so laut!

RAPHAEL *stopft sich ein Taschentuch in den Mund. Beide krümmen sich vor Lachen.*

KASCHTAN *(kommt plötzlich zurück)*: Mein Regenschirm ... *(Nimmt ihn)*

RAPHAEL *kann kaum das Lachen mehr verbeißen.*

KASCHTAN: Irgendwas vergesse ich immer. *(An der Tür, wohlgelaunt)* Dabei fällt mir ein kleiner Scherz ein. Letzten Winter verbrachten wir vierzehn Tage an den Warmen Quellen. Eines Tages sagte meine Frau: »Du liebe Zeit, ich hab' zu Hause vergessen, den Ölofen abzustellen.« Da antwortete ich mit gerissener Heiterkeit: »Macht nichts, Liebes, da kann gar nichts passieren. Ich hab' nämlich im Badezimmer den Wasserhahn laufen lassen!« *(Raphael und Dahlia hören auf zu lachen)* Das war der Witz ...

*Raphael und Dahlia verfallen einem neuen Lachanfall, sie wälzen sich buchstäblich auf dem Fußboden.*

*Ein zufriedenes Lächeln umspielt Kaschtans Lippen, während er geht.*

*Dunkel – heiteres musikalisches Intermezzo – Licht.*

## *Zweite Szene*

*Raphaels Zimmer. Die große Leinwand ist von der Wand verschwunden, an ihrer Stelle hängt das Porträt Rembrandts. Der »Kesselturm« ist jetzt in die Mitte des Raumes gerückt, auf den Ehrenplatz. Raphael hat ein Hemd statt des Kittels an. Als es hell wird – das sollte so rasch wie möglich geschehen –, macht ein junger Mann seine Runden um den »Turm«. Es ist Dan Meron, Reporter des Rundfunks.*

DAN MERON *(ein junger Mann mit groben Umgangsformen, er spricht mit einer ungeformten Stimme, ist nicht feindselig, nur gleichgültig. An der Seite hängt ihm ein transportables Bandgerät):* Also das soll das Wunderwerk sein, über das alle die Zeitungen schreiben?

DAHLIA: Ja.

DAN MERON: Das Wasser ... zieh raus ...

DAHLIA: Stimmt.

DAN MERON: Die sind ja nicht normal. *(Zu Raphael)* Entschuldigung.

RAPHAEL: Schon gut.

DAN MERON: Meine Produzentin sagt, Sie sind eine von diesen Entdeckungen. OK, sie will Freitag abend ein Feature über Sie bringen. Das ist die beste Sendezeit, Hörerquote 70 %, praktisch hört das ganze Land mit. Ich sag' zu ihr: Madame, ich nehme auf, was immer Sie wollen, hinterher können Sie es senden, wann's Ihnen paßt. Bei meinem Gehalt? Wissen Sie, wieviel ich im Monat kriege? Netto!

RAPHAEL: Keine Ahnung.

DAN MERON: Schätzen Sie mal, mit Überstunden, so wie ich aussehe?

RAPHAEL: Nichts.

DAN MERON: Ach, mit Ihnen verschwende ich bloß meine

Zeit. Was für ein mieses Zimmer, nicht mal frische Luft. Ist das der berühmte Kessel, universal oder wie sie ihn nennen? *(Er berührt den Kessel auf der Turmspitze. Der Kessel ist selbstverständlich an den Strom angeschlossen, und so verbrennt sich Meron die Finger. Er schreit auf)*

DAHLIA *kann sich das Lachen nicht verkneifen.*

DAN MERON: Hahaha, wie im Kindergarten ... Also los, ich muß heute noch 'n Interview mit dem Premierminister machen. Wissen Sie, wie man mit einem Mikrofon umgeht?

DAHLIA: Nein.

DAN MERON: Ihn hab' ich gefragt!

RAPHAEL: Nein, auch nicht.

DAN MERON *(stellt das Bandgerät auf einen Stuhl und macht es aufnahmebereit)*: Sehen Sie da? Da müssen Sie reinsprechen, aus einer Entfernung von etwa 30 cm. Aber bloß, wenn ich's Ihnen sage. Ruhe! *(Schlägt Raphael auf die Hand, als er versucht, das Mikrofon zu berühren)* Los, wir machen acht Minuten Blablabla, und dann fummeln sie beim Sender damit herum und bringen die ganze Scheiße in Schuß. Fassen Sie bloß den Apparat nicht an, der hat dauernd 'ne Panne. Los, jetzt stimmen wir ab, reden Sie mal was.

RAPHAEL: Was denn?

DAN MERON: Irgendwas, ganz egal.

RAPHAEL: Gib mir deine Hand. Und laß mich dich in Mädchenkleidern sehn.

DAN MERON: Spaßvogel.

RAPHAEL: Shakespeare.

DAN MERON: Euch Brüder kenn' ich. Spinner. Fertig?

RAPHAEL: Fertig.

DAN MERON: Ruhe! Gott sei Dank ... *(Läßt das Band laufen. Es bleibt stehen. Drum stößt er es von der Seite an. Spricht ins Mikrofon)* Drei – zwei – eins – null! *(Plötzlich mit angenehmer, sanfter, man möchte sogar sagen: nobler*

*Stimme, die gegenüber seinem normalen Organ wie ausgewechselt wirkt)* »Aus dem Reich von Pinsel und Meißel«, ein wöchentliches Programm, vorgestellt von Dan Meron. Heute besuchen wir das Atelier jenes kometenhaft aufgestiegenen Künstlers Raphael Schlesinger, dessen jüngstes Werk »Schalte den Strom aus, das Wasser kommt« ihn gleichsam über Nacht in die vorderste Reihe jener modernen Maler gestellt hat, die wir mit Recht unsere Zeitgenossen nennen. *(In seinem normalen rauhen Ton zu Raphael und Dahlia, die wie erstarrt dastehen)* Hört doch auf mit dem Quatsch! Das ist Life, ja! Schnitt! *(Wieder mit seiner Sonntagsstimme, er geht im Zimmer auf und ab)* Aus den phantastischen Rezensionen, die der hochbegabte Künstler bekommen hat, wollen wir den Kommentar des bekannten Kritikers Kalman M. Kaschtan zitieren, der in Raphael Schlesinger eine Art Leuchtspur erblickt und seinen Stil als »mobiliaristisch« bezeichnet, von »Mobiliar«, dem lateinischen Wort für Möbel. Hören wir also Kalman M. Kaschtan. *(Holt eine Zeitung aus der Tasche und liest daraus vor)* »Coca-Cola für die Pause« ... Schnitt! Ruhe! *(Blättert die Seite um)* Ich zitiere Kalman M. Kaschtan: »Schalte den Strom aus ...«

DAHLIA: Zieh den Stecker raus.

DAN MERON *(hält die Hand über das Mikrofon)*: Dies ist der Nationale Rundfunk, meine Dame, nicht Ihre Kneipe um die Ecke. Schnitt! Ruhe! *(Wieder ins Mikrofon)* »Schalt den Strom aus, das Wasser kocht« ist ein konischer Möbelturm in einer nahezu sterilen Auslegung und auslegenden Sterilität. Na also, das kriegen sie im Studio schon hin, keine Bange. Übrigens, bei der Gelegenheit, wenn Sie mal 'n Ansager brauchen oder Publicity, Filme oder so was Ähnliches, den Text schreib' ich mir selbst, dann haben Sie hier meine Adresse. *(Gibt Raphael seine Visitenkarte)* Das Telefon gehört der Wäscherei unten. Bitte nicht anrufen.

DAHLIA: Nein, wir schreiben Ihnen eine Postkarte.

DAN MERON: Das ist gut, wissen Sie, ich will keinen Ärger mit dem Waschpeople haben. Jetzt geht's los. Kurze Antworten bitte, kein Gequassel. Klar?

RAPHAEL: Klar.

DAN MERON: Ruhe! *(Mit seiner angenehmen Stimme)* Hier spricht Dan Meron. Wir wollen jetzt dem Schöpfer von »Schalte den Strom ein, das Wasser kocht« ein paar Fragen stellen. Hallo, Raphi!

RAPHAEL: Hallo, mein Herr.

DAN MERON: Wie würden Sie, Raphi, die Rolle erklären, die Sie als so ungewöhnlich erfolgreicher Künstler spielen?

RAPHAEL: Ich ... ich ...

DAN MERON: Ja ...

RAPHAEL: Ich habe die Frage nicht verstanden.

DAN MERON: Ich wollte Sie fragen, wie man sich fühlt, Raphi, wenn man als schöpferischer Künstler in einem gewissen Sinn zu sich selbst gefunden hat.

RAPHAEL: Ich ...

DAHLIA: Konzentriere dich!

RAPHAEL: Ich konzentriere mich ja, aber das hab' ich wieder nicht verstanden.

DAHLIA *(spricht ins Mikrofon)*: Das macht ja nichts. Hauptsache bleibt doch, daß er ungemein erfolgreich ist. Vielen Dank. Ruhe.

DAN MERON: Wohl verrückt geworden, was?

RAPHAEL: Schnitt?

DAN MERON: Schnitt. *(Läßt sein Band laufen)* Und jetzt sagen Sie uns noch ein paar Worte, Raphi, über die Philosophie Ihrer künstlerischen Ideologie. *(Klatscht Dahlia auf die Hand, als sie den Apparat anrühren will. Raphael schlägt zurück, es entwickelt sich eine kurze, wortlose Balgerei. Meron mit seiner süßen Stimme)* Wie sind Sie eigentlich zum Zeichnen gekommen, Raphi?

RAPHAEL: Ich?

DAHLIA *(ins Mikrofon)*: Er hatte eine Tante, die schenkte ihm einen Blau- und einen Rotstift, und seit der Zeit...

DAN MERON *(reißt ihr das Mikrofon weg)*: Bitte, sagen Sie ihr, sie soll die Klappe halten.

RAPHAEL: Halt die Klappe.

DAHLIA *(ins Mikrofon)*: »Halt die Klappe. Meine verehrten Damen und Herren, in einer lauen Sommernacht...«

DAN MERON: Schluß jetzt! Schnitt! *(Dreht das Bandgerät ab, läßt das Band zurückspulen, neu anlaufen, stößt den Apparat in die Seite)* Sehen Sie, jetzt haben Sie ihn kaputtgemacht! Wie soll man denn auch arbeiten, wenn jeder an dem Apparat rumfummelt. *(Wieder mit seiner süßen Stimme)* Meine letzte Frage an Raphael Schlesinger: Was versuchen Sie auszudrücken in so gewagten Werken wie »Schalte den Strom um, das Wasser kommt« *(packt seine Ausrüstung zusammen)*, das in gewisser Weise der getreue Ausdruck unserer Generation zu sein scheint, ihrer Sehnsüchte und Träume, ihrer Sorgen und Hoffnungen. Und damit verabschieden wir uns von diesem vielversprechenden Künstler, ich bin sicher, daß er recht bald wieder in unserem Programm zu Gast sein wird. Hier spricht Dan Meron. Ich gebe zurück zum Studio. Auf Wiederhören. *(Er rennt davon)*

DAHLIA: Oh, jetzt ist er weg.

RAPHAEL: Schade.

DAHLIA: Liebst du mich noch?

RAPHAEL: Ja.

DAHLIA: Obwohl du jetzt ein Superstar der Massenmedien bist?

RAPHAEL: Trotzdem. Schnitt.

DAHLIA: Soll ich mich ausziehen?

RAPHAEL: Mir ist jetzt gar nicht nach Malen zumute.

DAHLIA *(etwas enttäuscht)*: Dann mach' ich uns erst mal einen Tee.

RAPHAEL: O ja, Tee! *(Dahlia stellt die Tassen hin)* Seit ich »entdeckt« worden bin, kriege ich zu Hause keine Tasse Tee mehr. Immerzu kommen diese Neurotiker und wollen den Wunderkessel besichtigen. Wie haben sie ihn doch noch in der Zeitschrift genannt?

DAHLIA: »Samowar der Ewigkeit«.

RAPHAEL: Großartig!

DAHLIA: Raphi, zieh den Stecker raus...

RAPHAEL: Ich weiß, wie es heißt.

DAHLIA: Raphi, zieh den Stecker raus, das Wasser kocht!

RAPHAEL: Ach so, entschuldige. *(Klettert hinauf und zieht vorsichtig den Stecker aus der Steckdose)* Ach ja, Tee! *(Vergnügt will sie den Tee einschenken, da klopft es an der Tür, und eilig stellen sie den Kessel auf seinen alten Platz hoch oben auf dem Turm zurück)* Kann man denn hier nicht mal in Ruhe eine Tasse Tee trinken... *(öffnet die Tür)* Hallo, Herr Kaschtan! Willkommen!

PICKLER *ein Kunsthändler in mittleren Jahren, primitiv, gewitzt, dreist und voller Vitalität. Er ist geschmackvoll, mit beinahe übertriebener Eleganz gekleidet. Pickler tritt als erster ein und rückt mit selbstbewußten Schritten bis in die Mitte des Zimmers vor.*

KASCHTAN *(dackelt hinter Pickler her)*: Reizend, Sie zu sehen. Mein Lieber, darf ich Sie mit Herrn Joseph Pickler bekannt machen, dem Präsidenten der Dachgesellschaft »Picklers Galerien«, einem berühmten Kunsthändler und Connaisseur, dessen Einfluß weit über die Grenzen unseres Landes hinausreicht, besonders nach Frankreich, England, Belgien...

PICKLER: Kaschtan, Kaschtan, das reicht, sie haben schon begriffen. *(Zu Raphael)* Also das ist unser junges Genie! Und wer ist diese Mieze?

RAPHAEL: Meine Freundin.

PICKLER: Oho! *(Zeichnet einen Sinus in die Luft)* Sie Schmecklecker! Na, woll'n mal sehn, wie wir anständig ein paar Piepen verdienen können. Na, komm, Süße, geleite mich durch die Räumlichkeiten. *(Zu Raphael)* Sie doch nicht! *(Grabscht nach Dahlias Hand und zieht mit ihr im Zimmer herum)* Wie alt sind Sie?

DAHLIA: Zu jung für Sie!

PICKLER *(bricht in Gelächter aus)*: Hat man so was schon gehört? Von mir will sie nichts wissen. Die kleine Göre.

KASCHTAN *(verwirrt kichernd)*: Hier bitte, Herr Pickler.

PICKLER: Ich finde mich schon allein zurecht, Kaschtan. *(Deutet auf Rembrandt)* Das hab' ich schon mal irgendwo gesehen.

DAHLIA: Rembrandt.

PICKLER: Natürlich. Rembrandt. Wer hat den gemalt?

KASCHTAN *(eilig)*: Hier bitte, Herr Pickler, hier ist der Turm, von dem ich Ihnen erzählt habe.

PICKLER *(betrachtet einen Tisch)*: »Laß das Wasser raus« usw. Sehr gut. Sehr stark.

KASCHTAN: Nein, Herr Pickler, dieses da ist der Turm.

PICKLER: Noch besser, noch stärker.

*Läßt Dahlias Hand los und kommt mit Kaschtan ins Gemenge. Es entspinnt sich eine lebhafte, aber geflüsterte Debatte, und aus ihren Gesten läßt sich erraten, daß Kaschtan versucht, Pickler von der Bedeutung des Turms zu überzeugen.*

DAHLIA *schlüpft unterdessen zu Raphael hinüber.*

RAPHAEL: Komm, wir wollen abhauen.

DAHLIA: Bist du verrückt? Der kauft ihn doch.

RAPHAEL: Ausgeschlossen.

DAHLIA: Und ob.

RAPHAEL: Wieviel soll ich denn verlangen?

DAHLIA: Dreihundert.

RAPHAEL: Der lacht mir glatt ins Gesicht. Den ganzen Krempel kriegt man für einige Groschen.

DAHLIA: Und die Idee?

RAPHAEL: Sagen wir zweihundert.

DAHLIA: Aber in bar, keinen Scheck.

PICKLER: Komm mal her, mein Junge! *(Raphael geht zu ihm. Pickler nimmt den Schemel vom »Turm« und setzt sich darauf)* Hören Sie mal zu! Vielleicht bin ich ein Narr, vielleicht zieht dieser Gentleman mir das letzte Hemd aus, aber ich habe Großes mit Ihnen vor. Und wenn Pickler was sagt, können Sie sich drauf verlassen.

KASCHTAN: Unbedenklich, Herr Schlesinger, Herr Pickler arbeitet mit den größten Kunstmetropolen... New York, London, Amsterdam...

PICKLER: Kaschtan! Kaschtan!

KASCHTAN: Buenos Aires.

PICKLER: Mein Junge, ich kaufe den »Zieh raus«! Wieviel wollen Sie dafür haben?

RAPHAEL *macht eine verdutzte Geste zu Dahlia.*

DAHLIA *macht ihm Zeichen mit den Fingern, d. h. 200.*

PICKLER: Na, sagen Sie ruhig Ihre Forderung, Junge. Ich beiße nicht. Wieviel?

RAPHAEL *(erstickend)*: Mit allen Auslagen?

PICKLER: 2000, OK?

DAHLIA *im Hintergrund, setzt sich.*

PICKLER: Was? Sind 2000 nicht genug?

RAPHAEL: Für... für das da?

PICKLER: Nein, für das Strumpfband meiner Oma! *(Kaschtan lacht höflich)* Hören Sie, mein Junge, ich will Ihnen das Geld nicht direkt geben, bares Geld kriegen Sie nicht, selbst wenn Sie mich dafür bezahlen würden. Ich schicke Sie auf meine Kosten auf die Schule der Malkunst. Ich mache einen Cha*k*all aus Ihnen, darauf können Sie sich verlassen. Junge, du gehst nach Paris!

RAPHAEL: Ich?

PICKLER: Ja, Sie! Ich bringe Sie selbst hin, Sie kleiner Glückspilz, glattweg ins Atelier zu diesen jungen Burschen von der... der...

KASCHTAN: Avantgarde.

PICKLER: Sag' ich doch! Sie leben mit ihnen, lernen mit ihnen, arbeiten mit ihnen. Und dann stracks auf die Ausstellung. Das ist genau das, was Sie brauchen.

RAPHAEL: Ich?

KASCHTAN: Das ist ein sehr großherziges Angebot, Herr Schlesinger. Herr Pickler ist ein Mäzen der Künste, wohlbekannt in Italien...

PICKLER: Kaschtan, Kaschtan, lassen Sie den Jungen mal zu Wort kommen.

KASCHTAN: Paraguay.

PICKLER *(zu Raphael)*: Es geschieht alles für Sie, mein Junge.

RAPHAEL: Davon bin ich ja überzeugt... aber... aber... ich kann's nicht...

PICKLER: Haben Sie vielleicht Angst?

RAPHAEL: Ja!

DAHLIA: Raphi! *(Zu Pickler)* Entschuldigen Sie uns eine Minute. *(Zerrt Raphael beiseite, Kaschtan und Pickler ziehen sich flüsternd in den Hintergrund zurück)* Raphi, du mußt gehen!

RAPHAEL: Warum denn?

DAHLIA: Um zu studieren.

RAPHAEL: Und was? Möbeltischlerei vielleicht?

DAHLIA: Das ist die Chance deines Lebens, Raphi!

RAPHAEL: Das glaube ich ja... aber ich hab' noch nicht mal dein Bild fertig...

DAHLIA: Das machst du, wenn du zurückkommst.

RAPHAEL: Und du?

DAHLIA: Ich besuche dich. Denk an »Sonne, steh still über Gibeon«. Mensch, freu dich doch!

RAPHAEL *(betrübt)*: Ich freue mich ja.

DAHLIA: Engel! *(Zu Pickler)* Herr Pickler, er ist einverstanden.

PICKLER: Was Sie nicht sagen!

KASCHTAN: Gratuliere, meine Damen und Herren!

PICKLER: Also los, packen Sie, mein Junge! Hoppla, Champs-Elysées, jetzt kommen wir, Parii, Parii!

KASCHTAN: Paris, Paris! Darf ich auch mitkommen, Herr Pickler?

PICKLER: Nur, wenn Sie sich anständig benehmen. *(Zu Raphael)* So, fertig?

RAPHAEL: Augenblick noch, Herr Pickler, warum tun Sie das eigentlich für mich?

PICKLER: Weil Sie Talent haben, mein Junge! Dieser Hilfsmensch hier sagt, Sie haben Kraft, Elan, Vision, und das genügt mir. So bin ich immer gewesen. Wissen Sie, vor vielen Jahren arbeitete ich ...

KASCHTAN *(eilig)*: Herr Pickler war in der Lebensmittelbranche tätig.

PICKLER: Ich hatte eine Getränkebude. Also hören Sie, eines Tages kam ein junger Mann, eine Art Ingenieur wie Sie, und sagte: Herr Pickler, ich baue Ihnen eine Maschine, die wäscht Ihnen Ihre Gläser von ganz allein. Diese Maschine, sagte er, nimmt Ihnen die halbe Arbeit ab. Fein, sagte ich, bauen Sie mir zwei, dann brauch' ich gar nichts mehr zu tun. *(Brüllt vor Lachen. Nur Kaschtan stimmt in das Gelächter ein)*

RAPHAEL *(zu Dahlia)*: Nein, ich gehe nicht mit ihm!

DAHLIA: Raphi!

PICKLER: Außerdem, mein Junge, bin ich sogar bereit, mit Ihnen einen Vertrag zu machen und alles von Ihnen zu verkaufen.

RAPHAEL: Alles?

PICKLER: Alles! Was meinen Sie mit alles? Alles, was sich verkaufen läßt. Heute ist dies Mode, morgen kann es vielleicht ganz was anderes sein. Im Augenblick zum Beispiel ist auf der ganzen Welt ein solider Markt für Aquarelle. Aber versuchen Sie mal, 'ne Landschaft zu verkaufen. Der See Genezareth, historisches Gewässer, da ist der Herr Jesus zu Fuß darauf gewandelt, geht einfach nicht, mein Junge. Sogar mit Pop Art ist es aus, heutzutage reißen sie sich um das...

KASCHTAN: Op Art.

PICKLER: Und op! Ich setze auf den »Zieh raus«, das werden sie mit Haut und Haar verschlingen. Wie nennen Sie das eigentlich?

KASCHTAN: Mobiliar-Stil.

PICKLER: Kenn' ich doch. *(Singt)* »La donna è mobile«... Sehr gut! Na, alter Junge, wollen wir nun den besagten Vertrag unterschreiben oder nicht? Keine Angst, ist ja nicht auf ewig, bloß für sieben Jahre, keinen Tag länger.

RAPHAEL: Sieben Jahre?

PICKLER: Sieben Jahre ist das Maximum bei mir! Drängen Sie mich nicht, Junge, das nützt nichts. Also fifty-fifty? Für alles! Exklusiv. Nur Sie und ich. Eine Option. Sie machen Mobile, Pickler verkauft Mobile. Darauf trinken wir einen.

DAHLIA *(bringt eine Flasche und Gläser)*: Kognak, Herr Kaschtan?

RAPHAEL: Ich weiß nicht, Herr Pickler...

PICKLER: Sag Yossi zu mir!

RAPHAEL: Yossi... Herr Pickler, ich weiß wirklich nicht recht... Sieben Jahre? Das klingt beinahe wie der Pakt mit Faust...

PICKLER *(zu Kaschtan)*: Wer ist denn das? Konkurrenz?

KASCHTAN: Goethe.

PICKLER: Ach, schon wieder der...

KASCHTAN *(schenkt allen ein, behält die Flasche für sich)*: Herr Pickler! Herr Schlesinger! Madame! Auf die Kunst! Auf einen jungen Künstler, der den Pfad des Ruhmes betritt. Paris, Rom, Lissabon...

PICKLER: Kaschtan, Kaschtan, lassen Sie uns trinken.

KASCHTAN: Auf das konische Mobiliar!

PICKLER: Auf das komische Mobiliar! *(Sie stoßen an und trinken aus)*

RAPHAEL *(blickt zu Rembrandts Porträt auf)*: Verzeihung! *(Leert sein Glas)*

*Vorhang*

*Französische Musik, falls eine Pause sein sollte. Man kann in der Pause Ausschnitte von Kunstkritiken aus der lokalen Presse projizieren.*

# Zweiter Akt

## *Dritte Szene*

*Ein luxuriöses, geräumiges Atelier. Durch ein breites Fenster, hinter dem man das Panorama von Paris sieht, strömt üppiges Tageslicht herein. Die Wände sind gepflastert mit unvollendeten Bildern, Leinwand und Rahmen in gefälligem Wirrwarr. Hier und da einige Plastiken aus Draht, Gips usw. An einem auffälligen Platz nahe einem der Eingänge hängt Rembrandts Bild an der Wand. Ein »Turm«, die getreue Nachbildung der originalen Möbelkollektion, steht tief im Hintergrund. Ein zweiter, kunstvoll ausgearbeiteter »Turm«, in mehreren Farben angemalt, steht in der Mitte der Bühne. Die Spitze bildet selbstverständlich ein großer Kessel, während an der Seite des Tisches heiter angemalte Schubladen hervorstehen. Daneben eine Leiter, die ganz ansehnlich aussieht, da sie mit Farbe beschmiert ist, die zufällig ausgeschüttet wurde. Vor diesem »Turm« ein breites Sofa. An seiner einen Seite steht ein Piano. Hebt man den Deckel auf, entdeckt man eine Bar mit Drinks. Neben ihm steht eine merkwürdige Erfindung, halb Trödel, halb Statue: »Der Gorilla«. Im Hintergrund eine altmodische Badewanne. Wenn der Vorhang aufgeht, liegt dies alles noch im Dunkel. Ein einziger Scheinwerfer läßt Gogo und Mon Chéri erkennen, die sich verzückt umarmen, während sie unaufhörlich französische Worte der Verzückung murmeln. Gogo ist ein hübscher Pariser Künstler mit der Eleganz eines Bohemiens. Sogar wenn er küßt, ist zu merken, daß er unter Zahnschmerzen leidet. Mon Chéri ist ein Modell unbestimmten Alters, mit scharfem Witz und Impulsivität – eine Französin. Allmählich wird das Atelier hell, wir erkennen Raphael oben auf der Leiter, er hämmert an seinem prächtigen »Turm« herum.*

RAPHAEL *(zu dem engumschlungenen Paar)*: Mes amies, habt ihr meinen Schraubenzieher gesehen? *(Da er keine Antwort erhält, klettert er die Leiter herunter und durchwühlt wutschäumend das Atelier)* Immer nehmen sie mir den Schraubenzieher weg. Ich brauch' ihn bloß einen Augenblick auf dem Tisch liegen zu lassen, und schon vergreifen sie sich daran... *(Gogo und Mon Chéri küssen sich weiter und flüstern französisch)* Jacquot, hast du meinen Schraubenzieher gesehen?

JACQUOT *(durch und durch Beatnik, gekleidet in Lumpen, mit ungekämmtem Haar. Sein Kopf und eine Flasche kommen aus der Badewanne zum Vorschein)*: Non, Monsieur Slezangé.

RAPHAEL: Gogo, ich weiß genau, daß du meinen Schraubenzieher weggenommen hast. *(Beugt sich über Gogo)* Gogo, hör mal, Gogo...

GOGO *löst sich aus der Umarmung mit Mon Chéri und überläßt den unglücklichen Raphael ihren Armen.*

MON CHÉRI: Suche bei mir, mon chéri...

RAPHAEL *(macht sich rasch los)*: Ich suche mal lieber woanders, Madame. Gogo, ich suche meinen Schraubenzieher.

GOGO *(hebt den Deckel des Pianos, nimmt eine Flasche heraus und schenkt sich einen Drink ein)*: Du weißt wenigstens, was du suchst, Slezangé. Du bist ein Künstler, und ich bin nur ein fauler Knochen.

RAPHAEL: Das hab' ich nicht gesagt.

GOGO: Aber gedacht hast du's, und das stimmt auch. Ich lungere bloß herum, aber das ist immer noch besser als Nichtstun, oder?

RAPHAEL: Ja. Was?

GOGO *spült mit dem Kognak die schmerzende Backe aus.*

MON CHÉRI: Mon Dieu, geh doch zum Zahnarzt!

RAPHAEL: Sie hat recht.

GOGO: Auch du, Slezangé? Begreifst du denn nicht, daß es

mir unmöglich ist, mit einem Zahnarzt zu reden, daß er und sein Bohrer für mich Wesen aus einer anderen Welt sind?

RAPHAEL: Aber dein Zahn wird dich auf dieser Welt umbringen.

GOGO: Nein, Slezangé. Aus mir machst du keinen Konformisten. Ich will keinen Zahnarzt. Auf keinen Fall, ehe ich nicht meine Plastik beendet habe. *(Zeigt auf die merkwürdige Skulptur)* Le Gorilla!

RAPHAEL: Geht sie auf die Ausstellung?

GOGO: Er!

RAPHAEL: Er... ist sie denn männlich?

GOGO *(beleidigt)*: Siehst du das denn nicht?

RAPHAEL: Woran denn? ... Ach, ja...

GOGO: Gefällt es dir nicht?

RAPHAEL: Hübsch.

GOGO: Ich habe ein halbes Jahr daran geschuftet. Manchmal frage ich mich selbst: Gortschenko, warum machst du es dir so schwer? Für Ruhm? Fürs Geld? Für die Kunst?

RAPHAEL: Wofür also?

GOGO: Fürs Geld. *(Fängt an Klavier zu spielen)*

RAPHAEL *findet endlich seinen Schraubenzieher, geht wieder an seinen Turm und arbeitet oben auf der Leiter.*

JACQUOT: Ich muß arbeiten. Mon Chéri, Gogo!...

MON CHÉRI *versucht einige Ballettschritte.*

JACQUOT: Pliez! Trois-quatre... *(Kriecht an eine Leinwand, die mit blauen Linien bedeckt ist, ergreift Pinsel und Farben)* Inspiration, s'il vous plaît!

MON CHÉRI *beginnt einen klassischen Tanz, der plötzlich in »modernen« Tanz übergeht, weil Raphael mit dem Hammer gegen seinen »Turm« schlägt. Mon Chéri wälzt sich auf der Couch zum Rhythmus des Hammers, der sich mit anderen Geräuschen vermengt. So kratzt Jacquot mit seinem Pinsel an der Farbtube, und Gogo »begleitet«, indem er mit Kognakflaschen auf das Piano einschlägt. All das beginnt wie zufällig, wendet sich aber bald in einen organisierten Lärm. Mon Chéri beendet den Tanz auf der Couch im gleichen Augenblick, als Jacquot schreit –*

JACQUOT: Stop! merveilleux! Bleib so! *(Mon Chéri erstarrt. Jacquot zeigt ihr die Leinwand)* »Die blaue Ballerina«!

MON CHÉRI: Superbe!

JACQUOT: Aus meiner roten Periode. Muß heute fertig werden.

*Blickt Mon Chéri prüfend aus den Augenwinkeln an, dann nimmt er ein kleines japanisches Spielzeug, ein von einer Batterie getriebenes Schiffsmodell oder Auto oder dergleichen, dessen hervorstechende Eigenschaft ist, daß es wendet, sobald es auf ein Hindernis stößt. Jacquot steckt geschickt seinen Pinsel in das Heck des Schiffes, das nun kreuz und quer über die Leinwand auf dem Fußboden fährt, jedesmal umkehrt und pfeift, sobald es an den Rahmen stößt. Jacquot schaut dem hart arbeitenden Spielzeug aufmerksam zu.*

JACQUOT: Jetzt, wo die Ausstellung vor der Tür steht, muß ich härter arbeiten. Ich habe es mir gestern gekauft.

MON CHÉRI: Quel tempérament!

JACQUOT: Nagelneue Batterien.

MON CHÉRI: Wo ist denn das alte Schiff?

JACQUOT *(traurig)*: Ich hab' es weggeschmissen.

MON CHÉRI: Oh non, es war so hübsch ...

JACQUOT: Ich mußte es wegwerfen. Es fing plötzlich an zu zeichnen – naturalistisch! Gestern schaute ich zu, wie es da herumsauste, und das Ergebnis sah dir wirklich beinahe ähnlich. Da habe ich's weggeworfen. Ich brauche keinen Fotografen. *(Zu Mon Chéri, die plötzlich weggeht)* Mon Chéri, was ist denn?

MON CHÉRI: Du mit deinem dämlichen Blablabla.

JACQUOT: Aber das Bild ist doch noch gar nicht fertig!

MON CHÉRI: Ah, j'en ai assez! *(Sie wirbelt mit einer Pirou-*

*ette zu Raphael. Gogo erhebt sich und läuft, von Zahnschmerzen geplagt, stöhnend hinaus)*

JACQUOT: Assez, assez! Accessoire! *(Streckt sich wütend auf dem Fußboden aus)*

RAPHAEL *(ihm fällt eine Farbtube von der Leiter, Mon Chéri hebt die Tube auf):* Merci, Madame.

MON CHÉRI: Je vous en prie.

RAPHAEL: Passen Sie auf, Madame, Sie machen sich die Hände schmutzig.

MON CHÉRI *wischt ihre Hände an ihrem Kleid ab.*

RAPHAEL: Wie schade, Madame, Ihr Kleid ist ebenso schön wie alles ... was drunter ist ...

MON CHÉRI: Na, Sie sind eigentlich auch nicht so »ohne«.

RAPHAEL *will die Leiter hinauf fliehen.*

MON CHÉRI *(hält ihn zurück)*: Sie erinnern mich an meinen dritten Mann, mon chéri. Immer, wenn er was von mir wollte, wurde er rot. Deshalb nannten sie ihn Maurice Rouge.

RAPHAEL: Dritter Mann?

MON CHÉRI: Mein vorletzter. Er hatte mich ein bißchen unterschätzt. Mais c'est comme ça! Was eine Frau wert ist, merken die Männer erst, wenn sie ihr die ersten Alimente zahlen.

RAPHAEL: Oui. Bestimmt. Vielen Dank. Entschuldigen Sie, Madame, aber ich bin sehr in Eile, die Ausstellung, wissen Sie ...

MON CHÉRI: Sie werden bestimmt einen Preis bekommen. Wie hat der »Figaro« Sie neulich genannt? »Der Rebell aus Jerusalem«!

RAPHAEL: Ach, das ist bestimmt übertrieben ...

MON CHÉRI: Non. Sie können wirklich stolz sein, Raphael. Wollen Sie mit mir schlafen?

RAPHAEL *(verwirrt)*: Schlafen? ... Am Nachmittag? Ganz ungewöhnlich. Ich bin auch gar nicht müde oder so ... Es war reizend, Sie kennengelernt zu haben, Madame... Entschuldigen Sie... die Ausstellung... Ich möchte rauf...

MON CHÉRI: Komm runter!

RAPHAEL: Jawohl.

*Klettert folgsam herunter. Mon Chéri packt Raphael beim Ohr und küßt ihn mit mütterlicher Geste auf die Stirn.*

MON CHÉRI *(sie macht sich sanft los, geht zu den Drinks)*: Pernod? Bisquit? Courvoisier?

RAPHAEL: Wodka! Einen doppelten!

MON CHÉRI: Ist das nicht zu stark?

RAPHAEL: Bitte!

MON CHÉRI *(reicht ihm den Drink)*: Santé!

RAPHAEL: Lechayim!

MON CHÉRI: Le... cha... Chin-Chin! *(Sie trinken)*

RAPHAEL *(bekommt einen Hustenanfall)*: Noch einen!... Mon Chéri, ich bin völlig durcheinander...

MON CHÉRI *(streichelt ihn)*: Warum denn?

RAPHAEL: Na, wegen allem...

MON CHÉRI: Komm, erzähl's deiner Maman. Was hat denn mon bébé?

RAPHAEL: Mon bébé kam nach Paris, um zu lernen, um zu malen, und mon bébé macht nichts als Türme.

MON CHÉRI: Na und? Sie sind doch superbe.

RAPHAEL: Eigentlich versteh' ich aber gar nicht, was das soll.

MON CHÉRI: Du brauchst überhaupt nichts zu verstehen, mon chéri. Gibt es da, wo du herkommst, eigentlich noch Vögel?

RAPHAEL: Ja, sogar wunderschöne.

MON CHÉRI: Hast du jemals versucht, das Zwitschern solcher Vögel zu verstehen?

RAPHAEL: Nein.

MON CHÉRI: Warum mußt du dann unbedingt die Sprache der Malerei verstehen? Ein Künstler muß nicht alles begreifen.

RAPHAEL: Ich begreife ja auch nichts...

MON CHÉRI: Vielleicht in deinem Unterbewußtsein.

RAPHAEL: Mein Unterbewußtsein, vielleicht... aber nicht ich...

MON CHÉRI: Glaub mir nur, mon petit, heutzutage werden die größten Kunstwerke durch Zufall geboren. Der Künstler braucht nicht mehr von seiner Schöpfung zu verstehen als das Publikum.

RAPHAEL *(springt auf)*: Na, das ist ja großartig! Ich dachte bisher, ich sei ein Betrüger...

JACQUOT *(vom Fußboden)*: Monsieur Slezangé, Sie sind ein großer Künstler!

RAPHAEL: Sag so was nicht, Jacquot. Wenigstens nicht in seiner Gegenwart. *(Zeigt auf Rembrandts Selbstporträt)*

JACQUOT *(springt auf)*: Was? Dieser alte Holländer? Dieser elende Realist, der das Leben mit Kohlepapier abpauste? Sie, Monsieur Slezangé, sind viel begabter, als er je gewesen ist, denn Sie lassen das Leben sich selbst zeichnen und meißeln. Bei Ihnen wird das Material selbst schöpferisch, das Holz, die Leinwand, das Eisen. Begreifen Sie das nicht?

RAPHAEL: Nein.

JACQUOT: Genau! Ihre sogenannten Klassiker machten die Frau aus Stein – wir machen Stein aus der Frau! Compris?

RAPHAEL: Nein.

JACQUOT: Exactement! Wir tun, was das Material will. Wir suchen nicht, wir stehn daneben und geben der Natur eine Chance... Glauben Sie wirklich, ich wüßte nicht, daß dies kleine Schiff überhaupt nicht zeichnen kann? Daß es nur ein einfaches japanisches Spielzeug ist? Das weiß ich nur zu gut. Aber dies Spielzeug könnte doch etwas zeichnen, was Ihnen, Monsieur, unter gar keinen Umständen mit Ihren zwei Händen gelingen würde. Weil Sie von Ihrem Verstand abhängen und das Schiff sich eben darum nicht zu kümmern braucht. Verstehen Sie, was ich meine?

RAPHAEL: Ja. Nein.

JACQUOT: Sag' ich doch! *(Gogo kommt ins Atelier zurück und bleibt an der Piano-Bar stehen. Jacquot, leidenschaftlich)* Ich suche nach Formen, nicht nach Gegenständen. Ich weiß, daß die Form wichtiger ist als der Inhalt. Form ist alles, die Botschaft, die Erlösung, der Messias. Form ist Farbe, und Farbe ist Gott. Ich weiß alles, ich kann alles – nur nicht malen. Will auch gar nicht.

PICKLER: Wem sagen Sie das? *(Erscheint in der Tür, smart und energisch wie immer. In grauenvollem Französisch)* Mesdames et Messieurs!

JACQUOT: Monsieur Pickler!

*Alle drängen sich um Pickler, außer Raphael, der sich hinter seinem Turm versteckt. Mon Chéri fällt Pickler buchstäblich um den Hals.*

MON CHÉRI: Joseph!

PICKLER: Mon Chéri! *(Zeichnet einen Sinus in die Luft, wie er es so gern tut)* Hast du mich sehr vermißt?

MON CHÉRI: Terriblement! *(Flüstert ihm ins Ohr)*

PICKLER: Nein, jetzt gleich geht das nicht... Mes enfants! Vergeßt nicht, die Ausstellung rückt näher. Ihr habt wohl mächtig Manschetten, was? Alles wird dasein, was Rang und Namen hat. Sogar Kaschtan kommt heute abend.

MON CHÉRI: Ach, Kalman?

JACQUOT: Kennst du ihn?

MON CHÉRI: O la la!

PICKLER: Aber, Mon Chéri, dieser Trottel...

MON CHÉRI: C'est la vie.

PICKLER *(zu Jacquot)*: Na, woll'n mal sehn, wie wir anständig ein paar Piepen verdienen. Was haben Sie mir denn vorzuzeigen?

JACQUOT: »La ballerine bleue«.

PICKLER: Wo ist sie?

JACQUOT: Wir stehen darauf.

PICKLER: Gehen Sie runter, Menschenskind! Es ist ja schließlich 'n Bild, oder? *(Er selbst rührt sich nicht, blickt herunter)* Gut! Stark! Blau...

JACQUOT: Von keines Menschen Hand berührt.

PICKLER: Kann ich eine Option haben? Zu den üblichen Bedingungen?

JACQUOT: Monsieur Pickler, mit einem nagelneuen Schiff gemalt...

PICKLER: Na schön, mach's fertig, wir wollen uns nicht streiten.

JACQUOT: Jacquot ist ein großer Künstler.

PICKLER: Ja, vor allen Dingen bewundert ihr euch selbst.

JACQUOT: Wir haben wenigstens noch Ideale. *(Tanzt in den Nebenraum. Mon Chéri schenkt sich einen Drink ein und geht zu Pickler)*

GOGO *(führt Pickler vor sein Werk)*: Und jetzt kommt der Clou! »Le Gorilla«.

PICKLER: Das ist mir vielleicht eine.

GOGO: Das ist einer.

PICKLER: O ja, das hab' ich nicht gemerkt... Jedenfalls was Neues. Und das ist die Hauptsache, immer was Neues.

GOGO: Ein halbes Jahr schwere Arbeit.

PICKLER: Mein Junge, die ganze Welt wurde in sechs Tagen erschaffen.

GOGO: Ja, aber sehen Sie sich die Welt an, und dann sehen Sie sich meinen Gorilla an.

PICKLER: Laß die Luft ab, Gogo!

GOGO: Analysieren Sie ihn bitte nicht auf Zweideutigkeiten oder Mystifikationen, Monsieur Pickler. Mein Anliegen war, die künstlerischen Grundsätze zurückzuführen auf das letzte Kriterium, um das Risiko eines billigen Formalismus zu vermeiden.

PICKLER: Ich zahle trotzdem nicht mehr, Gogo.

GOGO: »Le Gorilla«, Monsieur Pickler, kostet Sie 10000 Neue Francs und keinen Centime weniger. Sie verstehen?

PICKLER: Also 600?

GOGO: In bar?

PICKLER: Aus der Westentasche.

GOGO: Abgemacht.

PICKLER: Schön.

GOGO: Mon Chéri! 600!... *(Stürzt mit Freudensprüngen zu Mon Chéri, dann entführt er sie ins Nebenzimmer)*

MON CHÉRI: Joseph, mein süßer Gorilla, ich komme sofort zurück...

PICKLER *(schreit)*: Schlesinger, wo stecken Sie? *(Erspäht Raphael hinter seinem Turm)* Was machen Sie denn Schönes?

RAPHAEL: Einen Turm.

PICKLER: Na, woll'n mal sehn. *(Zieht die bemalten Schubladen aus dem Tisch des Turms heraus, eine quietscht)* Nennen Sie das etwa künstlerisch? Warum quietscht das denn so? *(Zieht die sperrende Schublade heraus und zeigt Raphael, wie man ihre Kanten mit Sandpapier abreibt)* Das müssen Sie abreiben, mit Schmirgelpapier, sehen Sie. So, nun machen Sie mir's mal nach...

RAPHAEL *sitzt rittlings auf dem Turm und beginnt die Schubladen abzureiben.*

PICKLER: Ein bißchen arbeiten schadet nie. Schlesinger, von all Ihren Türmen ist das der beste. Machen Sie den Kessel voll, ich möchte, daß er dampft wie eine Lokomotive.

RAPHAEL: Sehr gern, Herr Pickler.

PICKLER: Sagen Sie Yossi zu mir. *(Zum Turm gewendet)* Wie nennen Sie das?

RAPHAEL: Zieh den Stecker raus...

PICKLER: Aber das kann doch nicht ewig so weitergehn.

Unter dem Namen hab' ich schon ein Dutzend verkauft. Können Sie sich nicht was Kürzeres ausdenken?

RAPHAEL: »Sonne... steh still... über Gibeon...«

PICKLER: Großartig! Sonne! Das ist 'ne Wolke! *(Übersetzt für sich selbst)* Le soleil s'est arrêté in Gibeon! ... Stark!

RAPHAEL: Herr Pickler.

PICKLER: Sehr stark!

RAPHAEL *(mit verzweifelter Anstrengung)*: Yossi...

PICKLER: Ja?

RAPHAEL: Ich möchte...

PICKLER: Na, was ist los?

RAPHAEL: Ich möchte auch mal was anderes machen, malen.

PICKLER: Aber gewiß doch! Später! Erst mal hübsch Boden unter die Füße kriegen, mein Junge. Nach der Ausstellung lancieren wir 'ne dicke Pressekampagne für dich.

RAPHAEL: Warum denn?

PICKLER: Weil es mit Kunst allein heute nicht getan ist. Du brauchst Publicity, Public Relations...

RAPHAEL: Aber ich bin ein Maler.

PICKLER: Na und?

RAPHAEL: Botticelli hatte auch keinen Werbechef.

PICKLER: Darum hab' ich auch noch nie was von ihm gehört. Mein Junge, heutzutage ist PR kein Luxus, sondern eine Kapitalanlage. Schon mal was von Boulanger gehört?

RAPHAEL: Nein.

PICKLER: Einer von meinen Malern. Gar nicht begabt, aber immerhin. Er macht Bilder aus Glassplittern. Keiner gab auch nur soviel für ihn, bis einer von den Kritikern sich in den Finger schnitt und an Blutvergiftung starb. Von da an gingen seine Bilder weg wie warme Semmeln.

RAPHAEL: Und was erwarten Sie von mir?

PICKLER: Bloß ein bißchen Rummel, 'nen kleinen Skandal. Du meine Güte, als ich so alt war wie Sie, hatte ich schon 'ne Vaterschaftsklage am Hals. Und war dran! Und Sie, Sie bummeln nicht, Sie tanzen nicht, Sie trinken nicht, kein

Skandal, keine »dolce vita«, kein... *(Zeichnet einen Sinus in die Luft)*

RAPHAEL *(plötzlich aufflammend)*: Sagen Sie, müssen Sie das eigentlich immer machen, wenn von Frauen die Rede ist?

PICKLER: Was haben Sie denn gegen Frauen? Hören Sie zu, wir müssen diese komischen Möbel absetzen, bevor die Epigonen anfangen, Sie zu imitieren. Wir müssen ganz schnell und zu gesalzenen Preisen verkaufen. Gesalzen? Oy, ich vergaß ganz, Mr. Green wartet unten...

RAPHAEL *(erschrocken)*: Was, schon wieder Besucher?

PICKLER: Bloß ein Ehepaar.

RAPHAEL: Nein, die ertrage ich heute nicht, Herr Pickler.

PICKLER: Wieso, was ist denn los?

RAPHAEL: Was Sie mit meinen Türmen anfangen, ist ausschließlich Ihre Sache, aber diese ständigen Besucher...

PICKLER: Was haben Sie eigentlich gegen das people? Das sind kultivierte Leute.

RAPHAEL: Sie werden mich wieder ausquetschen, ob ich Dadaist oder Futurist oder Kubist bin, und ich könnte die Wände hochgehen...

PICKLER: Hören Sie mal zu, mein Junge, Pickler hat nicht gern Stars in seinem Zirkus!

RAPHAEL: Ich hab's satt!

PICKLER: Ich hab's auch satt! Aber einer muß ja schließlich die Rechnungen bezahlen!

RAPHAEL: OK, OK. Ich gehe jetzt schlafen! *(Geht)*

PICKLER: Yossi! *(Rufend)* Les enfants! Les enfants! *(Gogo und Mon Chéri kommen herein und bringen ihre Kleidung in Ordnung)* Was dagegen, wenn ich euch zwei seriöse Besucher bringe?

JACQUOT *(kommt)*: Soviel Sie wollen. Avec plaisir!

PICKLER: Bringt eure Kleider in Ordnung. *(Läuft zum Haupteingang, geht hinaus und schreit die Treppe hinunter)* Mr. und Mrs. Green, kommen Sie upstaires!

*Alle bereiten sich vor, um die Käufer zu empfangen. Gogo spielt die Anfangstakte »Oh when the Saints go marchin' in«. Mon Chéri repariert ihr Make-up, Pickler besteigt den »Turm« und schließt den Kessel an.*

PICKLER: Gogo! Wenn du nicht spielen kannst, dann laß es bleiben!

*Mr. und Mrs. Green treten ein, ein aufgedonnert gekleidetes Ehepaar, sehr amerikanisch.*

MR. UND MRS. GREEN: Hello-hello-hello...

PICKLER *(feierlich)*: Mr. und Mrs. Green, s'il vous please! Darf ich Sie mit den hervorragendsten Repräsentanten des »style revolté« bekannt machen? Mrs. Green – Mr. Gortschenko! *(Langes Händeschütteln beginnt, ein jeder sagt »enchanté«)* Mr. Gortschenko – Mr. Green! Jacquot – das ist Mr. Green! Mme. Green – hier die Mademoiselle Mon Chéri! Gogo – hier ist Mr. Jacquot! Mademoiselle Mon Chéri – Mr. Green! *(Mr. Green küßt ihr die Hand. Mon Chéri beginnt sogleich, mit ihm zu flirten)* Mme. Green – Mr. Green...

MRS. GREEN UND MR. GREEN: Enchanté...

PICKLER: Und Ihr ergebener Diener, Joseph Pickler. *(Jacquot applaudiert matt)* Merci! Merci! Und nicht zuletzt unser Star, mein berühmter Landsmann, Raphael Slezangé!

RAPHAEL *(kommt aus seinem Zimmer. Er trägt einen Pyjama)*: Schlesinger.

MRS. UND MR. GREEN: Hello!

RAPHAEL: Hello!

MRS. GREEN: Schahalom!

RAPHAEL: Guten Tag.

MRS. GREEN: Verzeihen Sie, sind Sie verwandt mit Bernie Schlesinger aus der 55. Straße?

RAPHAEL: Nein, tut mir leid.

MRS. GREEN: Er hat eine große Reparaturwerkstatt für Barstühle.

MR. GREEN: Aber Mary!

MRS. GREEN: Was hast du denn? Wir haben eine Menge über Mr. Schlesinger gehört, die Zeitungen sind voll davon. »Zieh den Stecker raus, das Wasser kocht« soll doch ein doller Schlager sein. Sagen Sie, Mr. Schlesinger, malen Sie schon immer gern?

RAPHAEL: Ja, schon seit meiner frühesten Kindheit.

MRS. GREEN: Was sind Sie momentan, ein Kubist, ein Naturalist oder ein Surrealist?

RAPHAEL: Ich habe mich noch nicht entschlossen, Madame. Vielleicht morgen früh ... *(Geht)*

MRS. GREEN: Schon so berühmt, und doch bleibt er immer derselbe unverdorbene Boy im Pyjama.

MR. GREEN *(an den Turm gelehnt)*: Sure! Verzeihen Sie, aber ich sterbe vor Neugier, das Meisterwerk zu sehen. Wo ist es?

PICKLER: Da.

MR. GREEN: Wo?

PICKLER: Hier. *(Mr. Green starrt den Turm aus nächster Nähe an)* Sie dürfen ihm nicht zu nahe treten. Diese Schöpfung muß man aus der Distanz betrachten. *(Die Greens treten zurück, nach Picklers Anleitung)* Direkt vor Ihnen, meine Damen und Herren, befindet sich »Das kosmische Möbel«, in jenem »Mobilia-Stil«, der Paris im Sturm erobert hat. Wie schrieb der »Express«?

MON CHÉRI: »Dies ist eine Schöpfung, über die man nicht zu sprechen braucht, sie spricht selbst.«

MRS. GREEN *(mit schwacher Stimme zum Turm)*: Hello ...

PICKLER: »Sonne, steh still über Gibeon«.

MRS. GREEN *(enttäuscht)*: Nicht »Zieh den Stecker raus«?

PICKLER: Er stammt aus derselben Schule. Treten Sie näher, Mr. Green. Warum stehen Sie so weit entfernt? Klettern Sie diese Leiter hinauf! Aufwärts! Von oben haben Sie 'ne bessere Sicht. Und jetzt, berühren Sie den Kessel! ...

MR. GREEN *(klettert die Leiter hinauf, berührt den Kessel, schreit)*: I like it! It's hot! Ist das kosmische Möbel zu verkaufen?

PICKLER: Leider, leider nein, Mr. Green. Er geht morgen in den »Grand Salon de Printemps«. *(Deutet auf den Turm im Hintergrund)* Aber der Turm da ist noch zu haben. Zwar mit Schubladen, aber ohne Kunstharzbeschichtung.

MRS. GREEN: Warum steht er denn so in der Ecke?

MON CHÉRI: Ein Eckturm.

MRS. GREEN: Nein, das ist nicht derselbe. Wir wollen lieber abwarten, bis die Ausstellung vorbei ist, und dann nehmen wir diesen hier.

MR. GREEN: Wenn schon, denn schon. Immer IA-Qualität.

PICKLER: Wie Sie wollen. Hier gibt es sicher noch manches für Ihren Geschmack. Möchten Sie noch mal was anderes sehen?

MR. GREEN: Of course, deshalb sind wir ja hergekommen.

PICKLER *(deutet auf die »Ballerina«, auf der Green steht)*: Voilà!

MR. GREEN: Was ist das?

RAPHAEL: Jacquots letztes Gemälde.

MR. GREEN: Oh, pardon, entschuldigen Sie vielmals! ... *(Geht rasch von dem Bild herunter)*

JACQUOT *hält hitzig und mit Gefühl das Bild hoch.*

PICKLER *(reinigt es)*: Schauen Sie doch, welche Ausstrahlung dieses Kunstwerk hat, obwohl jedermann auf ihm herumtrampelt. *(Zu den Greens)* »Die blaue Ballerina«.

JACQUOT: »La ballerine bleue«!

MR. GREEN *(zu Mon Chéri)*: Das sind Sie!

MON CHÉRI: Oui, Monsieur. Woran haben Sie das gemerkt?

MR. GREEN: Ich hatte es so im Gefühl. Ich versteh' ein bißchen etwas von Kunst ... hehehe ... Als ich jung war, hab' ich mich aus Liebhaberei damit befaßt ... Auf der High School ... Musik, Baseball, Poesie ...

MRS. GREEN: Mein Gott, Harry, du und Poesie?

MR. GREEN: Ja, das war einmal... Ein schönes Gemälde!

MRS. GREEN: Modern!

PICKLER: Ja. Es läßt der Phantasie weiten Spielraum. Gouache!

MR. GREEN: Gouache? Ja... natürlich...

PICKLER: Käme die Ballerina für Sie in Betracht? Ja? Nein? Vielleicht. Danke, dann gehen wir weiter.

MRS. GREEN *(prallt auf den Gorilla)*: Ach, ist das reizend! Was ist das?

MON CHÉRI: »Der Gorilla«, Madame.

MRS. GREEN: Gorilla? Wie ekelhaft! *(Vor einem leeren Rahmen, der schief an der Wand hängt)* Und was ist das?

RAPHAEL: Das... das ist... das ist Mr. Gortschenkos letztes Werk... *(Zu Gogo)* Darf ich fragen, wie das Bild heißt?

GOGO: Verzeihen Sie, das hier ist bloß ein Rahmen...

PICKLER *(jedes Wort akzentuierend)*: »Bloß – ein Rahmen«!

MR. GREEN: Das ist ein Bild? Sagten Sie, daß das ein Bild ist?

PICKLER: Natürlich. Mr. Gortschenko hat über vier Monate daran gearbeitet.

MR. GREEN: Oh, I see.

MRS. GREEN: Woran hat er eigentlich die vier Monate gearbeitet?

PICKLER *(im Moment sprachlos)*: Klug gefragt. Jedes Bild hat ein Anliegen... *(Zu Gogo)* Warum spielst du nicht was? *(Gogo spielt, Pickler bezieht Inspiration)* Der Künstler, Madame, hat vier Monate an dem – Winkel gearbeitet. Die Neigung beträgt genau 19 Grad, im Schatten.

MRS. GREEN: Oh yes... Jetzt verstehe ich...

PICKLER *(zu Mrs. Green)*: Die Wand hinter dem Rahmen, Madame, ist sozusagen der ständige Hintergrund. Andere Wand – anderes Gemälde. Ein Bild mit tausend Gesichtern. Wie in der Natur selbst ist alles im Fluß, alles ändert sich, die Preise steigen jeden Tag...

MRS. GREEN: Wem sagen Sie das, Mr. Pickler!

MR. GREEN: Was soll das kosten? Für mich.

PICKLER: Für Sie, Mr. Green? »Bloß ein Rahmen« ...Da muß ich mal kalkulieren... *(Blickt nachdenklich auf den Rahmen, brabbelt Zahlen auf jiddisch, erwartungsvolle Stille, die Künstler halten den Atem an)* Inklusive Transport und professionell schief aufhängen... 6850 Francs.

MRS. GREEN *(findet das teuer)*: Sechstausendachthundert?

PICKLER *(rasch)*: Ja, ich weiß, daß ich es praktisch verschenke, Mrs. Green. Aber Sie haben ganz einfach das Glück, daß Sie es direkt vom Künstler kaufen. Bedenken Sie nur, knapp 7000 Francs für einen echten Gortschenko aus seiner berühmten Rahmen-Periode!

MRS. GREEN *(flüstert zu ihrem Mann)*: Für das Wohnzimmer oder für die Speisezimmerecke?

MR. GREEN: Nein, es kommt über die Blumenvase auf dem neuen Büfett.

MON CHÉRI: Da hängt es richtig.

MR. GREEN *(zu Pickler)*: 6500.

PICKLER: Das ist stark, Mr. Green, das ist sehr hart. *(Er bemerkt einen anderen, kleineren Rahmen an der gegenüberliegenden Wand)* Den Rahmen da können Sie für 4000 haben. Aber er ist nicht ganz so schief, nur 14 Grad. Und kein echter Gortschenko.

MR. GREEN: Nein, nein, ich will nur »Eins-A«-Qualität.

PICKLER: Sie sind anspruchsvoll, Mr. Green, ich muß schon sagen. Ich bin ein geschlagener Mann. Sie richten mich zugrunde. Also meinetwegen, sechstausendsechshundert...

MR. GREEN *(rasch)*: Abgemacht!

PICKLER: Gratuliere! *(Zu Green »vertraulich«)* Green! Da haben Sie aber wirklich ein gutes Geschäft gemacht.

MR. GREEN *(lacht selbstgefällig)*: Wem sagen Sie das? Für so was hab' ich eine Nase. Wir kommen jedes Jahr nach Europa...

PICKLER: Gogo! Monsieur Green kauft den »Bloß«!

*Gogo geht zu Mr. Green und schüttelt ihm die Hand, während die andern gratulieren. Die Besucher werden umringt.*

ALLE: Enchanté! Gratuliere! Enchanté!...

*Es wird allmählich dunkel, Harfenklänge leiten rasch über zu der nächsten Szene.*

## *Vierte Szene*

*Mitternacht. Das Atelier ist in Dunkelheit gehüllt. Nur der »Turm« scheint von einem bläulichen Lichtstrahl umgeben zu sein. Die Harfenmusik im Hintergrund wird schwächer.*

RAPHAEL *(schläft auf dem Turm sitzend. Wacht auf, starrt gähnend auf sein Werk)*: Verflucht noch mal, da können sie sagen, was sie wollen... dies hier ist nichts... Absolut gar nichts!

REMBRANDT: Das ist nicht wahr.

RAPHAEL: Wieso meinen Sie, das ist nicht wahr?

REMBRANDT: Weil es meine Überzeugung ist.

RAPHAEL: Ihre Überzeugung? *(Erschreckt)* Wer... wer ist da? ... Gogo... wer ist da? ...

REMBRANDT: Ich.

RAPHAEL *(entdeckt hinter dem Rahmen von seinem Porträt: Rembrandt, wie er leibt und lebt, sein genaues Ebenbild)*: Meister!

REMBRANDT: Darf ich einen Moment stören?

RAPHAEL: Bitte... kommen Sie nur...

REMBRANDT *(sein Kopf verschwindet aus dem Rahmen, und einen Augenblick später kommt er durch die nächste Tür ins Atelier. Sein Oberkörper steckt in einem prächtigen Mantel, auf dem Kopf trägt er die wohlbekannte Mütze, nach unten aber einen einfarbigen Pyjama und Filzpantoffeln. Er verneigt sich)*: Rembrandt!

RAPHAEL *(verbeugt sich)*: Raphael! *(Schüttelt ihm die Hand)*

REMBRANDT *(deutet auf seine Hosen)*: Verzeihen Sie meinen Aufzug. Ich habe mich selbst gemalt in der Nacht *(deutet mit der Hand in die Höhe des Bildes)*, aber nur bis hier...

RAPHAEL: Einen Drink, Meister?

REMBRANDT: Portwein, wenn möglich. *(Raphael schenkt ein)* Ziemlich kühl heute. *(Raphael gibt ihm das Glas. Er kostet)* Superbe. Erinnert mich an den Wein, den mir mein lieber Freund Rabbi Menashe Ben-Israel kredenzt hat.

RAPHAEL: Meister, Sie sind einer von uns?

REMBRANDT: Nein, ich bin Protestant.

RAPHAEL: Macht nichts.

REMBRANDT: Auf Ihr Wohl! Lechayim!

RAPHAEL: Lechayim!

REMBRANDT *(trinkt)*: Ich bin viel im Judenviertel von Amsterdam gewesen. Was für faszinierende Gestalten, welch edle Züge...

RAPHAEL: Ja, ich erinnere mich an Ihr Gemälde »Die jüdische Braut«.

REMBRANDT: Wirklich? Man erinnert sich noch an meine Bilder?

RAPHAEL: Man erinnert sich? Sie sind unser Vorbild. Für mich sind Sie der größte Maler aller Zeiten. Ach, wenn ich doch nur halb so malen könnte wie Sie!

REMBRANDT: Können Sie das denn nicht? *(Deutet zum Turm)* Dies ist doch Ihr Werk, wenn ich nicht irre.

RAPHAEL *(schamrot)*: Ja.

REMBRANDT: Soll das eine Plastik sein?

RAPHAEL: Ein plastisches Bild... Wenn Sie sich etwas darunter vorstellen können...

REMBRANDT: Ganz reizend. Und groß. Wie heißt es?

RAPHAEL: »Zieh den... schalt den Strom aus, das Wasser beginnt zu sieden«.

REMBRANDT: Ist das der ganze Titel?

RAPHAEL: Ja. *(Verlegen)* Meister, sagen Sie mir, bin ich ein Künstler?

REMBRANDT: Warum denn nicht? Jede Generation entwikkelt ihre eigene Kunst. Für Ihre Generation ist das gar nicht schlecht.

RAPHAEL: Meinen Sie?

REMBRANDT: Sehen Sie: hübsche Möbelstücke, geschmackvoll aufeinandergestapelt, eins über dem anderen. Man könnte das tatsächlich »Hochstaplerei« nennen...

RAPHAEL: Und das Wasser kocht immer. Eine dritte Dimension, sagt man, eine dritte Dimension.

REMBRANDT: Ich hab' sie zu meiner Zeit nie gezählt. Sagen Sie, Raphael, wieviel bekommen Sie dafür?

RAPHAEL: Herr Pickler verkauft es für 8000 Francs.

REMBRANDT: 8000? Aber das sind 500 Gulden. Meine Güte! Eine solche Summe hätte mich vor dem Bankrott retten können.

RAPHAEL: Sie, Meister, Sie haben Pleite gemacht?

REMBRANDT *(zornig)*: Ja! In meinen alten Tagen mußte ich als Schreiber in einem Warenhaus arbeiten, weil mir das Wasser bis zum Halse stand. Ich hinterließ meiner Familie nichts, außer meinen Pinseln.

RAPHAEL: Und Ihren Namen für die Ewigkeit.

REMBRANDT: Von der Ewigkeit hatte meine Familie nichts. Ich muß im falschen Jahrhundert gelebt haben.

RAPHAEL: Sie, Meister, beneiden uns?

REMBRANDT: Schon immer!

RAPHAEL: Bloß, weil wir Geld verdienen?

REMBRANDT: Nein. Weil ihr Zeit spart. Ich habe für dieses Selbstporträt viereinhalb Monate gebraucht. *(Deutet auf »Die blaue Ballerina«)* Und wie lange dauert das?

RAPHAEL: Fast zehn Minuten.

REMBRANDT: Sehen Sie? Welch ein phantastisches Tempo! Wen soll es darstellen?

RAPHAEL: »Die blaue Ballerina«.

REMBRANDT: Woher wissen Sie das?

RAPHAEL: Steht darunter. Man nennt das aktivierte Malerei. Mit Schiff gemalt.

REMBRANDT: Diese Technik kenne ich nicht. Sicher ist das gar nicht so leicht.

RAPHAEL: Aber schwer ist das auch nicht.

REMBRANDT: Sagen Sie das nicht, Raphael. Wenn ich zu meiner Zeit, sagen wir, eine hübsche Frau zeichnen wollte, gab es für mich nur eine Lösung, nur eine Form: die des Modells. Sah sie dem Modell ähnlich, gut. Wenn nicht, dann war das schlimm. Aber ihr, die abstrakten Maler, müßt die richtige Lösung aus Millionen von möglichen Linien, Farben und Formen herausfinden. Und alles das innerhalb von zehn Minuten. Und meistens ohne Modell. Ich kann vor euch wirklich nur den Hut ziehen.

RAPHAEL: Meister, Sie sind doch der Inbegriff...

REMBRANDT: Bitte, sagen Sie nicht Meister zu mir. Eigentlich sollte ich Ihr Schüler sein.

RAPHAEL: Aber...

REMBRANDT: Raphael, lehren Sie mich malen. Auf moderne Art!

RAPHAEL: Sie machen sich lustig, Herr Rembrandt?

REMBRANDT: Keineswegs. Bitte lehren Sie's mich... ich bin nicht zu alt...

RAPHAEL: Ja, wirklich? Daß ich Sie lehren sollte?... Wahnsinn... Also gut, wenn Sie wollen, zunächst mal trägt man heute fast nie mehr die Farbe mit einem Pinsel auf...

REMBRANDT: Nein?

RAPHAEL: Nein. Man klatscht die Farben einfach gegen die Leinwand. *(Er holt eine Anstreicherquaste zwischen Jacquots Gerätschaften hervor. Zeigt sie)* Sehen Sie, so...

REMBRANDT: Ist das schwer?

RAPHAEL *(gönnerhaft)*: Das ist eine Frage der Praxis. Hauptsache, daß man es leicht tut, frei, locker, mit fließender Bewegung aus dem Ellenbogen heraus. Sehen Sie! ...

*Raphael mimt Eintauchen des Pinsels in einen Farbtopf und Aufklatschen der Farbe auf eine Leinwand, die mit dem Rücken zum Publikum auf einer Staffelei steht.*

REMBRANDT: Großartig!

RAPHAEL: Wollen Sie auch 'ne Runde, Rembrandt?

REMBRANDT: Ja, bitte.

RAPHAEL: Also! *(Gibt ihm die Quaste)* Fester, Rembrandt! *(Rembrandt »klatscht«)* Aus dem Ellenbogen heraus, mit einer fließenden Bewegung, frei, ganz locker... ja so... ja so... Sie machen es glänzend...

REMBRANDT: Alle Farben des Regenbogens... Rot... und Gelb und Braun... Aus dem Ellenbogen... Was für ein Vergnügen... *(Taucht die Quaste von Farbtopf zu Farbtopf und »klatscht« die Farben über die Leinwand, gepackt von Schöpferfreude, aber allmählich ermattet er und wirkt niedergeschlagen.)* Das lerne ich nie, das lerne ich nie! Schauen Sie, Raphael, was dabei herausgekommen ist...

*Rembrandt dreht das »geklatschte« Bild zu Raphael und damit zum Publikum und kehrt an seinen Platz hinter dem Rahmen an der Wand zurück. Das Publikum erkennt Rembrandts unsterbliches Bild »Der Anatomieunterricht des Dr. Tulp«.*

RAPHAEL *(schreit gellend auf)*: Meister!

*Die Harfenklänge schwingen aus. Dunkelheit breitet sich im Atelier aus, und der letzte Lichtstrahl bleibt noch eine Weile auf der »Anatomiestunde« haften.*

## *Fünfte Szene*

*Früher Morgen des nächsten Tages. Das Atelier ist leer. Alles steht an seinem Platz wie immer. Nur an »Bloß ein Rahmen« hängt ein Schild »Verkauft«.*

*Durch den geschlossenen Vorhang hört man Gogo's Klimperei auf dem Klavier.*

JACQUOT *(trottet herein, schenkt sich nervös einen Drink ein und schreit, um sich über den Lärm hinweg verständlich zu machen)*: Gogo!

GOGO *(schreit zurück)*: Ja!

JACQUOT: Warum schläfst du denn nicht?

GOGO: Wie kann ich denn bei dem Spektakel schlafen? Mein Zahn bringt mich noch um.

JACQUOT: Das ist dein Problem.

GOGO: Warum bist du so nervös?

JACQUOT: Ich muß mit dir reden... was ganz Persönliches...

GOGO: Was ist denn los?

JACQUOT: Gogo! *(In heftiger Erregung)* Gogo, ich bin völlig fertig...

GOGO: Das seh' ich.

JACQUOT: Etwas ganz Merkwürdiges ist heute nacht passiert. Ich war ganz allein in meinem Zimmer...

GOGO: Und Mon Chéri?

JACQUOT: Ich dachte, sie war bei dir.

GOGO: Sie war schon besetzt. Ich finde, wir sollten ein für allemal klären, wer eigentlich wann bei wem ist.

JACQUOT: Ich jedenfalls war heute nacht ganz allein. Ich konnte nicht schlafen. Es war so heiß im Zimmer, und ich dachte mir – aber lach nicht –, ich könnte es mal mit Zeichnen versuchen...

GOGO: Bist du verrückt geworden?

JACQUOT: Ja. Weil ich doch überhaupt nicht zeichnen kann. Ich hab' es nie gelernt. Bei mir ist alles Inspiration, Phantasie ...

GOGO: Ja, das wissen wir schon. Weiter!

JACQUOT: Dann setzte ich mich vor den Spiegel, nahm ein Blatt Papier ... Augenblick ... *(Er eilt in sein Zimmer und kommt zurück mit einer kunstgerechten Kohleskizze, einem Selbstporträt)* Voilà! Das ist dabei herausgekommen.

GOGO *(erschrocken)*: Um Gottes willen, das hast du gezeichnet?

JACQUOT: Ja.

GOGO: Ganz alleine?

JACQUOT: Ja.

GOGO: Mit der Hand?

JACQUOT *(beinahe weinend)*: Ja! Gogo, ich kann zeichnen! Ich begreife nicht, wie das passiert ist. Bis jetzt war ich so glücklich, zufrieden mit mir selbst, und jetzt, plötzlich: rums! Ich kann zeichnen! ...

GOGO: Hat das außer mir noch jemand gesehen?

JACQUOT: Niemand.

GOGO: Und du hast mit keinem darüber gesprochen?

JACQUOT: Nein, nur mit dir.

GOGO: Du hast Glück, Jacquot. Nimm deine Zeichnung, reiß sie in Stücke, verbrenne sie, und damit gut.

JACQUOT: Ja, Gogo.

GOGO: So fängt es immer an. Heute ein kleines Porträt, morgen ein Kirchenfresco ...

JACQUOT: Ich weiß, Gogo, ich weiß ...

GOGO: Du sitzt nicht allein in dieser Klemme, mein armer Freund. Schon mancher Maler ist so gescheitert. Du zermarterst dir dreißig Jahre lang das Hirn durch all die grünen und purpurnen Perioden hindurch, bis du erleuchtet wirst und die abstrakte Malerei entdeckst. Möchtest du dreißig Jahre deines Lebens vergeudet haben?

JACQUOT: Nein.

GOGO: Dreißig Jahre Schweiß, Entbehrung, Armut und hundertprozentige Anonymität?

JACQUOT: Nein, Gogo, nein!

GOGO: Warum zum Teufel mußt du dann zeichnen?

JACQUOT: Was für ein Idiot bin ich!

GOGO *(blickt auf die Skizze)*: Du schwebst in großer Gefahr, mon ami. Jeder, der solche Porträts macht, ist tief im Innern ein Spießer.

JACQUOT *(zurückweichend)*: Gogo!

GOGO: Ich sehe schon, wie du ein Sparkonto einrichtest...

JACQUOT: Nein, ich doch nicht.

GOGO: Wie du heiratest und Kinder großziehst...

JACQUOT: Bestimmt nicht.

GOGO: Im Bus stehst du auf und bietest alten Leuten deinen Platz an...

JACQUOT: Was hab' ich denn getan?

GOGO: Sogar waschen wirst du dich, mon petit!

JACQUOT: Gogo, das ist nicht fair!

GOGO: Deine Anzüge werden gebügelt sein...

JACQUOT: Und meine Kragen weiß?

GOGO: Du lernst Walzer tanzen. Du wirst wundervoll Walzer tanzen...

JACQUOT: Nein, bloß keinen Walzer! *(Als er sich von Gogo zurückzieht, steht er vor Rembrandts Porträt, das über ihm hängt. Sein Blick fällt auf das Porträt)*

GOGO: Sieh den nicht an, Jacquot, der gehört zu einem ganz anderen Club. Er rechnete mit der Ewigkeit, wir sind kurzlebige Künstler. Wir haben keine Zukunft.

JACQUOT: Keine Zukunft...

GOGO *(reißt Jacquots Skizze langsam in Stücke)*: Geh, Jacquot! Vergiß, was geschehen ist. Du kannst nicht zeichnen, verstehst du? Du kannst nicht zeichnen!

JACQUOT: Ich kann nicht zeichnen.

GOGO: Noch mal!

JACQUOT: Ich kann nicht zeichnen!

GOGO: Und jetzt lauf! Flieh, solange es noch nicht zu spät ist. Renne um dein Leben... in die Freiheit! ...

JACQUOT *rennt mit verzweifeltem Schrei ab.*

MON CHÉRI *(stürzt ein wenig beschwipst und kärglich angezogen herein)*: Mon dieu, was ist los, Gogo? *(Sucht nach Getränken im Piano)* Was hat Jacquot?

GOGO: Der arme Teufel, ausgerechnet ihm mußte so was passieren. *(Er setzt Jacquots zerrissene Skizze auf dem Boden zusammen)* Da ist nichts zu machen, der Kerl hat wirklich Talent. Wahrhaftig, eine griechische Tragödie.

MON CHÉRI *(kniet sich zu ihm hin und hilft beim Zusammensetzen)*: Du willst doch nicht sagen, daß er... Jacquot... hat das gemacht?

GOGO: Ja, stell dir vor, eigenhändig...

MON CHÉRI: Ce n'est pas possible!

GOGO: Ich schwöre es. Das Schiff war die ganze Zeit hier. Mon Chéri, er wird nie mehr zurückkommen, nie mehr! *(Tränen unterdrückend)* Jacquot, warum nur?

MON CHÉRI: Wie schrecklich, mon chouchou!

GOGO: Er wird wieder zeichnen, wieder und wieder. Wenn man einmal anfängt...

MON CHÉRI: Gogo, du liebst Jacquot. Du liebst ihn wirklich sehr...

GOGO *(verlegen)*: Ich?... Jacquot?... Wie kommst du nur darauf?

MON CHÉRI *(zeigt stumm auf den »Gorilla«)*: »Le Gorilla«!...

GOGO *(sinkt in sich zusammen)*: Du weißt es also...

MON CHÉRI: Natürlich, von Anfang an. Das ist doch nicht zu übersehen. Alles ist da *(zeigt auf den »Gorilla«)*, Jacquots verschmitztes Lächeln, seine blühende Sinnlichkeit, Jacquots ganze Seele ist darin enthalten, eingefangen in deiner überwältigend transzendentalen Verkörperung.

GOGO: Ich weiß, Mon Chéri, ich weiß. Bei mir ist alles transzendental.

MON CHÉRI: Du bist ein zu sublimativer Künstler, Gogo, um deine Gefühle verbergen zu können.

GOGO: Ja, diese meine verfluchte Sublimation ...

MON CHÉRI: Du bist ein Michelangelo, Gogo. Ja, mehr, ein Andy Warhol, ein Beuys!

GOGO: Je te remercie, ma chérie! *(Küßt gerührt ihre Hand)*

MON CHÉRI: Il n'y a pas de quoi, mon petit. *(Auf einmal im ernüchterten Tonfall)* Sag mal, mon chéri, nimmst du dieses infantile Gequassel ernst, das wir hier zusammenreden?

GOGO: Aber, na hör mal! So sehe ich aus? *(Beide brechen in lautes Lachen aus)*

MON CHÉRI: Mon dieu, ich dachte wirklich einen Augenblick, du spinnst wie alle andern.

GOGO: »Sublimativ!« Ich werde noch wahnsinnig! Überhaupt, was bedeutet das eigentlich?

MON CHÉRI: Das weiß kein Mensch. Wir spielen ja nur mit, Gogo. Wir halten uns streng an die Vorschriften, nicht wahr?

GOGO: O ja, wir sublimentieren schon ungeheuer transzendental. *(Im alten pathetischen Ton)* Aber du hast recht, ich darf Jacquots Büste nicht auf den Grand Salon du Printemps schicken.

MON CHÉRI: Ja, die Ähnlichkeit ist zu groß. Weißt du, wenn er wenigstens nicht nackt wäre ...

GOGO: Ja, ich darf Jacquot auf keinen Fall kompromittieren. Excuse-moi, verzeih mir, Mon Chéri! *(Nimmt einen großen Hammer und zertrümmert den »Gorilla«)* So! So! So! Nichts, aber auch gar nichts soll von dir übrigbleiben ...

MON CHÉRI *(geht ruhig mit einer Kognakflasche, deutet auf die Gorillaüberreste)*: Tut mir leid, Gogo, es wird ihm immer ähnlicher.

GOGO *(lachend)*: Ja, es hilft nichts. Es ist und bleibt Jacquot!

Oh! *(Die Zahnschmerzen kehren zurück)* Strafe von oben…

MON CHÉRI: Ach, du Ärmster! Komm, trink einen Kognak. Einen doppelten.

GOGO: Non, merci. Ich glaube, jetzt muß ich wirklich zum Zahnarzt…

MON CHÉRI: Bon, dann nehme ich die Flasche mit. Ich habe nämlich Besuch. Einen doppelten! *(Geht ab)*

GOGO *(seinen schmerzenden Kiefer reibend, will gehen. Am Ausgang prallt er mit Dahlia zusammen)*: Bonjour, Mademoiselle, qui est-ce que vous cherchez?

DAHLIA: Nein, vielen Dank. Ich suche Monsieur Schlesinger. Monsieur Schlesinger.

GOGO: Schlesinger? Wer ist denn das?

DAHLIA: Israel.

GOGO: Ach, Israel? *(Ruft)* Slezangé! Kennst du einen Israeli namens Schlesinger?

RAPHAEL *(von draußen)*: Nein!

GOGO: Tut mir leid, Mademoiselle. Hätten Sie vielleicht Lust, mit mir zum Zahnarzt zu gehen?

DAHLIA: Vielen Dank, aber ich hab' eben seine Stimme gehört.

GOGO: Merde. *(Geht ab, flucht französisch, während er die Treppe hinuntergeht)*

RAPHAEL *kommt von der Seite herein, ohne Dahlia zu bemerken.*

DAHLIA: Du hast schon wieder deinen Kittel bekleckert.

RAPHAEL: Macht nichts. Bloß helle Farben. *(Fährt hoch, dreht sich um und nimmt Dahlia wahr)* Dahlia?

DAHLIA: Raphi! *(Sie umarmen sich leidenschaftlich und mit echter Freude)*

RAPHAEL: Wie geht's?

DAHLIA: Ich bin mit Kaschtan gekommen. Laß dich anschaun, du großer Mann. Das ganze Land spricht schon von dir. Warum hast du dir keinen Bart wachsen lassen?

RAPHAEL: Das brauch' ich nicht, ich kann doch malen.

DAHLIA: Und wie geht's?

RAPHAEL: Na ja, so lala: Mal comme ci, mal comme ça.

DAHLIA: Hör mal, du bist ein richtiger Franzose geworden. *(Raphael küßt sie auf die gewohnte schüchterne Art)* Du bist doch kein richtiger Franzose. *(Sie setzen sich aufs Sofa)* Warum hast du mir so lange nicht geschrieben?

RAPHAEL: Weil es nichts zu schreiben gab.

DAHLIA: Ach? Von deiner Mutter mußte ich hören, daß »Sonne, steh still über Gibeon« bald auf der großen Pariser Ausstellung gezeigt werden soll. Wo ist das Bild? Ich bin wahnsinnig neugierig darauf.

RAPHAEL: Wie geht's meiner Mutter?

DAHLIA: Sie ist im siebenten Himmel. Ich war kurz vor der Abreise noch bei ihr. Sie war sehr aufgeregt: »Sag Raphi, daß ich sehr stolz auf ihn bin.«

RAPHAEL: Mutter...

DAHLIA: Wo ist dein Bild?

RAPHAEL: Und wie geht's dir?

DAHLIA: Mir? Gut. Und dir?

RAPHAEL: Gut. Schön, daß du da bist. *(Wollen sich küssen)*

MON CHÉRI *erscheint plötzlich und schlägt einen Akkord auf dem Piano an.*

RAPHAEL *(verwirrt)*: Bonjour, Mon Chéri. Dies ist meine Freundin aus Israel.

MON CHÉRI: Enchanté!

DAHLIA: In Ordnung.

RAPHAEL: Sag: Enchanté!

DAHLIA: Nein.

MON CHÉRI: Du hast mir gar nicht gesagt, daß du eine Freundin hast.

RAPHAEL: Du... eh... Sie haben ja auch nicht danach gefragt...

MON CHÉRI: Na, dann will ich auf keinen Fall stören, oder störe ich? *(Sie setzt sich auf Raphaels Hand)*

RAPHAEL *(versucht vergeblich, seine Hand freizubekommen)*: Nein . . . Ja!

MON CHÉRI: Du siehst müde aus, möchtest du nicht vielleicht schlafen, mon chéri?

RAPHAEL: Nein. Aber meine Hand ist eingeschlafen.

MON CHÉRI: Kein Wunder, ich sitze ja darauf. *(Bleibt auf Raphaels Hand sitzen)* Sie ist entzückend, deine kleine Freundin.

RAPHAEL: Ja! *(Endlich ist es ihm gelungen, seine Hand freizukämpfen, er drückt Dahlia fest die Hand)*

MON CHÉRI: Liebt ihr euch?

DAHLIA: Ja! Sehr! Vielen Dank.

MON CHÉRI *(traurig)*: Daß es das immer noch gibt . . .

RAPHAEL UND DAHLIA: Uhum!

MON CHÉRI: Bon, ich muß jetzt gehn. Rendezvous, compris. Enchanté! *(Nimmt zwei Gläser und geht)*

DAHLIA: In Ordnung.

MON CHÉRI: Tschau!

RAPHAEL: Tschau! *(Singt verwirrt »Tschau tschau, Bambino«)*

DAHLIA: Wer ist das?

RAPHAEL: Wer? Ach, die? So eine Art Modell.

DAHLIA: Warum ist sie dann nicht nackt?

RAPHAEL: Sie friert vielleicht.

DAHLIA: Ich habe es nicht gern, wenn angezogene Frauen in Malerateliers herumlaufen.

RAPHAEL: Wir haben trotzdem nichts miteinander.

DAHLIA: Raphi, wo sind deine Bilder?

RAPHAEL: Ich hab' keine.

DAHLIA: Was soll das heißen, »ich hab' keine«?

RAPHAEL: Ich hab' keine! Das ist alles, was ich habe. *(Deutet auf den Turm im Atelier)*

DAHLIA *(schaut sich um)*: Hast du eine Werkstatt für Möbelreparaturen aufgemacht?

RAPHAEL: Ja, das ist General Möbilisierung, he-he.

DAHLIA: Ich dachte, du wolltest in Paris ein richtiger Maler werden?

RAPHAEL: Das wollte ich auch.

DAHLIA: Und warum baust du dann bloß Türme?

RAPHAEL *(in aufsteigender Wut)*: Was meinst du wohl, warum? Schulde ich jemandem Rechenschaft für das, was ich tue und warum ich's tue, wenn die ganze Welt in Ohnmacht fällt vor dem, was ich tue?

DAHLIA: Doch, Raphi, du mußt dich rechtfertigen ...

RAPHAEL: Vor dir etwa?

DAHLIA: Nein, vor dir selbst.

RAPHAEL: Auf mich kommt es nicht an, mein Liebling. Ich bin Demokrat, ich beuge mich dem Willen der Mehrheit. Und die Mehrheit hat nun mal beschlossen, daß ich eine phänomenale Entdeckung auf dem Gebiete der modernen Kunst bin. Und wenn du's genau wissen willst, es beginnt mir zu gefallen! *(Dahlia lacht)* Man kann eben nicht gegen den Strom schwimmen.

DAHLIA: Gegen welchen Strom?

RAPHAEL: Den von Mischa, dem Gipsmischer.

DAHLIA: Also gut, dann kannst du ja auch anfangen, dir einen Bart wachsen zu lassen. Und dich hab' ich für eine Hoffnung gehalten!

RAPHAEL: Das ist es ja gerade, was ich nicht sein möchte. Ich will keine Hoffnung sein und Schilder malen für »Gurfinkel & Co«. Lieber bin ich ein Scharlatan, ein Idiot, den die ganze Welt bewundert – irrtümlich! Ich möchte gern ein Gipsmischer sein!

DAHLIA: Warum hast du denn deiner Mutter weisgemacht, du arbeitest seit langem an »Sonne, steh still über Gibeon«?

RAPHAEL: Weil ich daran arbeite! *(Zeigt auf den Turm)* Voilà, das ist es. Sieh ihn dir lieber noch mal genau an, weil er bald für die Ausstellung abgeholt wird.

DAHLIA *(explodiert vor Lachen)*: Wunderbar. Das ist ...

Sonne... steh still... über Gibeon? Und wer ist Josua? Der Schemel? ...

RAPHAEL *(fällt in das Lachen ein)*: Nein, der Samowar!

DAHLIA: Der Samowar? Und die elektrische Schnur?

RAPHAEL: Das ist die Synkope!

DAHLIA: Virus!

RAPHAEL: Gouache!

DAHLIA: Gulasch! *(Lachend wälzen sie sich buchstäblich auf dem Fußboden. Dahlia plötzlich ernst)* Raphi, komm mit nach Haus.

RAPHAEL: Ich komme. Sobald ich kann.

DAHLIA: Raphi, ich meine es ernst.

RAPHAEL: Ich auch. Mir gefällt es hier ganz und gar nicht, aber ich habe eine gewisse Verpflichtung...

DAHLIA: Für Kaschtan und Pickler?

RAPHAEL: Immerhin verdanke ich ihnen, daß ich zum erstenmal in meinem Leben auf eine Ausstellung komme.

*In diesem Augenblick hört man Kaschtan und Mon Chéri fröhlich singen. Sie kommen beschwipst vom Nebenzimmer herein.*

KASCHTAN *(stolpert im Pyjama durch die offene Tür, zieht Mon Chéri an seinem Regenschirm hinter sich her. Beiden sieht man die stürmische Nacht deutlich an, doch Kaschtan ist energisch um Haltung bemüht. Er ist zwar betrunken, aber nicht ausfallend, sondern, im Gegenteil, zugänglicher als sonst)*: Guten Morgen... Für alle gegenwärtigen und zukünftigen Teilnehmer der Ausstellung... *(Hängt seinen Regenschirm an die Leiter)*

MON CHÉRI *(gleitet aus Kaschtans Jacke, die sie beim Hereinkommen trug)*: Bonjour, Madame, bonjour, Raphael.

DAHLIA: Sie sind ja ganz schön blau, Herr Kaschtan.

KASCHTAN: Moulin Rouge... Courvoisier... Vive l'Emperieur! *(Sieht eine Flasche)* Kognak!

DAHLIA: Bitte nicht, Herr Kaschtan, Sie haben schon genug.

RAPHAEL: Immerhin müssen Sie noch eine Kritik über die Eröffnung der Ausstellung schreiben.

KASCHTAN *(schenkt sich einen Drink ein und annektiert auch die Flasche)*: Die habe ich bereits geschrieben, Herr Schlesinger.

RAPHAEL: Die Eröffnung ist doch erst heute abend...

KASCHTAN: Keine Angst, Sie schneiden hervorragend ab bei mir. Sie sind die Sensation der Ausstellung.

DAHLIA: Woher wollen Sie das wissen?

KASCHTAN *(trinkt)*: Weitblick!

DAHLIA: Sie sollten lieber aufhören zu trinken, Herr Kaschtan.

KASCHTAN: Keine Sorge, mein Kind. Ich bin nur ein ganz kleines bißchen... hemmungslos, wie man so sagt... *(Lacht mit Mon Chéri)* Und wenn ihr glaubt, daß ich jetzt beichten will und mein Herz erleichtere und Ihnen verrate, daß ich mich immer danach gesehnt habe, ein berühmter Künstler zu sein wie Sie, und statt dessen nur ein Kritiker geworden bin, o nein. Ich bin zwar nur ein Kritiker, aber eine kritische Autorität. *(Klettert auf die Leiter. Raphael und Dahlia ihm nach. Kaschtan berührt den Kessel, sein Gesicht drückt kindliche Enttäuschung aus)* Er ist ja nicht heiß! *(Traurig)* Der Kessel ist nicht heiß. Warum ist der Kessel nicht heiß?

DAHLIA: Weil er nicht heiß ist, Herr Kaschtan. Und Sie gehn jetzt ins Bett!

KASCHTAN *(sitzt oben auf dem Turm)*: Also schön, ich bin auch ein Maler... ein Maler...

RAPHAEL UND DAHLIA: Also doch!

KASCHTAN: Sogar ausgestellt war ich mit ein, zwei Bildern... Ich malte eine Art Stadtpark, mit herumspringenden Kindern, aufsteigenden...

DAHLIA: Drachen.

KASCHTAN: Gelben Drachen. *(Er weint)* Es war hübsch, so hübsch. Ich war jung und sehr empfindlich. Die Kritiker schrieben ... Ach was! *(Zieht seine Brieftasche heraus, entnimmt ihr einen vergilbten Zeitungsausschnitt, liest)* »Palästina Gazette 12. November 1949«. *(Zu Raphael)* Lesen Sie das.

RAPHAEL: Warum gerade ich?

KASCHTAN: Tun Sie mir den Gefallen und lesen Sie.

RAPHAEL *(nimmt den Ausschnitt)*: »Gestern abend nahm die Gesellschaft von Tel Aviv vollzählig an der Eröffnung ...«

KASCHTAN: Das nicht ... weiter unten, die letzten drei Zeilen. Blau unterstrichen.

RAPHAEL: »Kalman Kaschtan ...«

KASCHTAN: Das »M« kam später.

RAPHAEL: »Kalman Kaschtan mangelt es an Phantasie, um die Öde des Illustrierens zu überwinden.«

KASCHTAN: Oy!

RAPHAEL *(gibt Kaschtan den Ausschnitt zurück)*: Ich habe schon Schlechteres gelesen.

KASCHTAN *(verstaut den Ausschnitt sorgfältig in seiner Brieftasche)*: Idiot!

DAHLIA: Nehmen Sie's ihm nicht übel, Herr Kaschtan. Er ist ja bloß ein Kritiker.

KASCHTAN: Ganz krank hat mich das gemacht ... Ich habe wie ein Kind geweint ...

RAPHAEL: Sie wissen doch, wie diese Schreiberlinge sind.

DAHLIA: So was passiert nun eben mal.

KASCHTAN: Auch heute bin ich unglücklich, Miß Dahlia. Ich führe ein Hundeleben. Mich haßt jeder, obwohl ich – ich persönlich – auch niemanden besonders gern hab'. Ich rede wie ein Papagei *(lacht)*, wie ein Papagei, mein Leben lang: »Seit Brozu und Jan Kochian bin ich noch nie soviel Feingefühl bei einem Maler begegnet.« *(Mon Chéri lacht mit ihm)* Brozu und Jan Kochian! *(Zu Raphael)* Sie kennen sie?

RAPHAEL: Persönlich nicht, aber natürlich ... Brozu ...

KASCHTAN: Es gibt sie gar nicht.

RAPHAEL: Was?

KASCHTAN: Nein, es gibt sie nicht. Ich erfinde sie. Keiner fragt, keiner achtet darauf. Ich mische einfach solche Namen immer wieder ins Gespräch. Brozu, Jan Kochian!... *(Lacht)* Ich liebe die Kunst, aber so was ist lächerlich... lächerlich... total lächerlich...

RAPHAEL: Herr Kaschtan.

KASCHTAN: Ja?

RAPHAEL *(zeigt auf den Turm)*: Ist das Kunst?

KASCHTAN: Schund ist das. Schund! *(Mon Chéri wird ernst, Raphael zuckt zusammen)* Ich hab' es noch nie leiden mögen.

DAHLIA: Aber Sie haben doch gesagt, daß... Warum?...

KASCHTAN: Warum? Was weiß ich, warum? Vielleicht ist er wirklich gut, wer weiß? Ich jedenfalls hab' seinen Anblick nie ertragen können.

DAHLIA: Aber Sie waren doch so begeistert...

KASCHTAN: Begeistert? Das ist Berufsjargon, aber doch keine persönliche Beziehung, liebe Dame. Das gehört zu den Spielregeln.

RAPHAEL: Verdammt! *(Stürzt sich auf den Turm)*

KASCHTAN *(versperrt ihm den Weg)*: Nicht doch, Herr Schlesinger... Fassen Sie es nicht an...

RAPHAEL: Schund!

KASCHTAN: Rühren Sie es nicht an, Herr Schlesinger, Pickler wirft mich sonst raus...

RAPHAEL *(läßt von ihm ab)*: Pickler wirft Sie raus?

KASCHTAN: Er schmeißt mich raus... der Kunstbanause...

RAPHAEL: So ist das!

*Raphael nimmt wortlos Kaschtans Mantel, den Mon Chéri hingeworfen hat, und streckt ihn dem Kritiker hin. Kaschtan schlüpft stumm hinein, mit finsterer Miene.*

KASCHTAN *(strebt mit müden Schritten dem Ausgang zu)*: Ich hab' Ihnen doch immer gute Kritiken geschrieben...

RAPHAEL *(schreit)*: Raus, Autorität! Raus, Sublimierer, raus! Raus! …

KASCHTAN *flieht.*

JACQUOT *läuft herein.*

DAHLIA: Raphi, laß ihn doch.

RAPHAEL: Nein, ich lasse ihn nicht!

MON CHÉRI: Um Himmels willen, du weckst ja das ganze Haus auf. *(Hinter ihr erscheint Mr. Green, der fieberhaft an seinem Anzug fummelt und sich das Haar kämmt)*

RAPHAEL *(stürzt sich auf Mr. Green)*: Oh, Mr. Green, Sie sind auch da? Sagen Sie es mir, warum Sie meinen Turm kaufen möchten? Was treibt Sie dazu?

MR. GREEN *(stotternd)*: Ich bin kein Experte … Ich hörte davon im Fernsehen, sie sagten, daß »Zieh den Stecker raus« ein unsterbliches Werk ist … Meiner Meinung nach ist das Blödsinn, gar nichts … Sorry …

RAPHAEL *(bricht in bitteres Lachen aus)*: Sehr gut! Also jeder weiß Bescheid: der Käufer, der Verkäufer, der Kritiker, die Öffentlichkeit, der Künstler, jeder weiß es! Wer zum Teufel glaubt dann noch an den Blödsinn?

MON CHÉRI: Du, mon amour, nur du allein.

RAPHAEL: Nicht mehr, Madame! *(Stößt mit dem Fuß gegen den Turm, erreicht aber nur, daß ihm die Zehen weh tun. Läuft hinkend durch den Haupteingang hinaus und schreit. Sein Schreien ist noch eine Weile zu hören)* Betrug! Alles Betrug! Alles Betrügerei! …

DAHLIA: Raphi! *(Läuft ihm nach)* Komm zurück!

JACQUOT: Slezangé! *(läuft beiden nach)*

MON CHÉRI: Armer Kleiner, nimmt es zu ernst …

MR. GREEN: What?

MON CHÉRI: Nichts, mon petit chou, just relax … *(Sie und Mr. Green ziehen sich ins Nebenzimmer zurück)*

*In der Tür erscheinen zwei Galeriediener, die den Turm für die Ausstellung abholen sollen.*

JUNGER GALERIEDIENER *(wie sein Kollege in Overalls, auf*

*dem Kopf tragen sie französische Baskenmützen. Beide Diener sind von einfacher Gemütsart*): Was war denn das?

ALTER GALERIEDIENER *(tippt sich auf die Stirn)*: Die Brüder kennst du doch. Künstler, die spinnen ja alle. *(Schreit)* Jemand zu Hause? Wir wollen Wie-nennt-man-Das für die Ausstellung abholen! He da! ... *(Keine Antwort)* Die sind sicher wieder auf einer Party...

JUNGER GALERIEDIENER *(hebt »Die blaue Ballerina« vom Boden auf)*: Was ist denn das?

ALTER GALERIEDIENER: Siehst du denn nicht? Das sind alles Bilder von diesem Malervolk.

JUNGER GALERIEDIENER: Warum werden sie nicht aufgehängt?

ALTER GALERIEDIENER: Weil es noch keine Gesetze gegen solche Maler gibt. Überhaupt, je älter ich werde, desto verrückter die Bilder. Weißt du, einmal haben sie mich zu einer von diesen berühmten Künstlerinnen geschickt, um ein Bild abzuholen. Sie saß gerade in der Badewanne.

JUNGER GALERIEDIENER: Solche Frauen sitzen immer in der Badewanne.

ALTER GALERIEDIENER: Paß auf, durch die Tür schreit sie mir zu, ich soll die Leinwand aus dem Atelier mitnehmen. Da finde ich eine schwarz-weiße Leinwand mit allen möglichen Klecksen drauf. Na schön, denk' ich und bring' sie in die Galerie. Sie kommt im Taxi nach und brüllt, ich hätte ein Tischtuch mitgenommen, über das sie Kaffee gegossen hätte.

JUNGER GALERIEDIENER: Kaffee?

ALTER GALERIEDIENER: Kaffee, echten, schwarzen Kaffee.

JUNGER GALERIEDIENER: War sie böse?

ALTER GALERIEDIENER: Und wie! Bis sie mit dem Taxi angekommen war, hatten sie das Tischtuch schon verkauft.

JUNGER GALERIEDIENER: Die arme Frau.

ALTER GALERIEDIENER: Von wegen! Hinterher, verstehst du, hat sie versucht, noch mehr Tischtücher auf diese Art zu machen. Sie goß den Kaffee mit Absicht drüber. Aber das war nicht dasselbe. Bloß eine Imitation. Reproduktion.

JUNGER GALERIEDIENER: Was sollen wir hier bloß mitnehmen?

ALTER GALERIEDIENER *(holt einen Zettel aus der Tasche)*: Monsieur Pickler hat mir diesen Zettel gegeben. *(Liest mit einiger Schwierigkeit)* Ein angestrichener Turm, sagt er ... konisches ... Mobiliar ...

JUNGER GALERIEDIENER: Was ist das ... konisch?

ALTER GALERIEDIENER *(zeigt es mit seinen Händen)*: Wie dies: »Konus«. *(Nickt Richtung Turm)* Das sieht ganz danach aus.

JUNGER GALERIEDIENER: Meine Güte, was für Farben?

ALTER GALERIEDIENER: Wer soll das verstehn?

JUNGER GALERIEDIENER: Die Herren eben.

ALTER GALERIEDIENER: Vorsichtig anheben, hat Pickler gesagt. Fertig?

JUNGER GALERIEDIENER: Ja.

ALTER GALERIEDIENER: Avanti! Hau-Ruck! Ab in die Galerie! ...

*Was sie forttragen, ist – die Leiter. Heiße Jazzmusik.*

# Dritter Akt

## *Sechste Szene*

*Eine große Ausstellungshalle in elegantem, klassischem Stil mit hellem Licht aus prachtvollen Leuchtern. Schwere Vorhänge vor den hohen, breiten Fenstern. Eine schwere Tür mit reicher Schnitzerei. An den Wänden hängen Bilder der letzten Kunstrichtungen. Abstrakte, Pop Art, eine Schachtel mit einer sich drehenden »optischen« Spirale, eine alte Matratze, die an der Wand hängt, ein bemalter WC-Wasserkasten, komplett mit Rohr, Kette, Handgriff usw. Die Ausstellung ist aufgelockert durch einen hängenden Ping-Pong-Tisch, einige Schafe in natura, etliche Sandhaufen, mehrere Schrottstatuen, alte Schuhe und weitere Kunstobjekte. Auf der anderen Seite der Halle stehen zwei verhüllte Gegenstände.*

*Die beiden Galeriediener der vorigen Szene tragen jetzt ihre Uniform und Mützen. Sie rollen einen roten Teppich auf dem Fußboden aus. Von draußen dringt – freilich nur schwach – Geschrei und Tumult herein.*

JUNGER GALERIEDIENER *(er rollt)*: Hörst du das? Da unten gibt's Krawall.

ALTER GALERIEDIENER: Ich bin doch nicht taub.

JUNGER GALERIEDIENER: Das ist der wilde junge Mann.

ALTER GALERIEDIENER: Das geht uns nichts an. Wir sind Angestellte. Beeil dich lieber. Wir machen gleich auf.

JUNGER GALERIEDIENER: Da kommt sicher allerlei Volk zusammen.

ALTER GALERIEDIENER: Es hat ja nicht jeder Zutritt. Bloß prominente Gäste, wir und ein Minister.

JUNGER GALERIEDIENER: Ich möchte nicht dableiben. Ich hab' Schiß vor diesen Künstlern.

ALTER GALERIEDIENER: Wieso? Als Mensch sind die sehr nett. Bei denen ist es mehr die Frage, ob die Kohlen stimmen.

JUNGER GALERIEDIENER *(konfrontiert mit einer abstrakten Plastik)*: Wer macht so was? *(Liest)* »Venus« steht dran.

ALTER GALERIEDIENER *(schaut hin)*: Venus?

JUNGER GALERIEDIENER: Venus.

ALTER GALERIEDIENER: Mensch, wie schön meine Frau ist! *(Setzt sich auf die Plastik)* Du, ich hab' mal 'ne Geschichte in der Zeitung gelesen, von so einem griechischen Bildhauer. Er machte eine Statue von einem hübschen Mädchen und verliebte sich in sie...

JUNGER GALERIEDIENER: Wie ist das möglich?

ALTER GALERIEDIENER: Es ist keine wahre Geschichte. Jedenfalls verliebte er sich, und die Statue wurde plötzlich lebendig, und die zwei waren mal sehr glücklich und zum Schluß sogar verheiratet. Nun stell dir bloß vor, irgend jemand verliebt sich in die hier *(platzt vor Lachen)*, und die wird lebendig... Ich kann mir vorstellen, wie die Kinder aussehen würden... *(Beide lachen)* Na ja, wie dem auch sei, wir müssen weitermachen. Paß auf, wo du hintrittst. Das da sind die wichtigsten. *(Er meint die eingehüllten Gegenstände)* Sie gehören Monsieur Pickler.

JUNGER GALERIEDIENER: Macht Monsieur Pickler Kunst?

ALTER GALERIEDIENER: Nein, er macht Künstler. Den wilden Knaben, der da unten rumschreit, hat er direkt aus Israel importiert.

*Öffnet das Fenster, der Lärm von unten schwillt an, bleibt aber immer noch schwach, von Zeit zu Zeit hört man Raphael schreien.*

JUNGER GALERIEDIENER: Was brüllt er denn eigentlich?

ALTER GALERIEDIENER: »Wir streiken gegen uns selbst«, ruft er. »Wir sind alle Betrüger.«

JUNGER GALERIEDIENER *(schaut nach unten)*: Und wer ist das da mit dem Schild?

ALTER GALERIEDIENER: Seine Freundin.

JUNGER GALERIEDIENER *(brüllt aus dem Fenster)*: Bravo!

ALTER GALERIEDIENER *(reißt ihn ängstlich zurück und schließt rasch das Fenster)*: Bist du verrückt?

JUNGER GALERIEDIENER: Endlich sagt mal jemand, was ich auch denke.

ALTER GALERIEDIENER: Du bist ein Angestellter, vergiß das nicht. *(Vom Vorplatz her hört man die Stimmen von Pickler und Kaschtan)* Siehst du, da kommen sie schon!

PICKLER *(kommt mit raschen Schritten und in blendender Laune, Kaschtan trottet wie immer hinterdrein. Beide tragen einen Smoking)*: Na, Jungs? Alles in Ordnung?

ALTER GALERIEDIENER *(demütig)*: Jawohl, Monsieur Pickler, es ist alles in bester Ordnung, wie es sich gehört.

PICKLER *(gibt ihm ein paar Münzen)*: Have a drink!

ALTER GALERIEDIENER: Danke, Mister Pickler, es ist eine schöne Ausstellung. So was sieht man wirklich nicht alle Tage.

JUNGER GALERIEDIENER: Ganz, ganz entzückend. *(Sie gehen mit einem Bückling ab. Pickler und Kaschtan laufen ans Fenster und blicken hinunter)*

PICKLER: Na, was sagen Sie zu dem Bengel? Klasse, ganz große Klasse. Glänzende Publicity! Und das Mädchen ist auch Klasse diesmal. Was steht eigentlich auf dem Schild?

KASCHTAN *(liest mühsam)*: »Exposition pour publique anormal«.

PICKLER: Sehr gut. Was heißt das?

KASCHTAN: Ausstellung ... für geistig Unterentwickelte ...

PICKLER: Sehr gut! Sehr stark!

KASCHTAN: Schlesinger hat es selbst gemalt.

PICKLER: Was Sie nicht sagen! Ich wußte ja gar nicht, daß er so begabt ist. Was schreit der Lümmel? »Betrüger«, brüllt er, »Betrüger« ...

KASCHTAN: Schlesinger glaubt das auch, es ist sein Ernst.

PICKLER: Das spielt keine Rolle! Überlassen Sie das mal Pickler. Ich verkaufe alle seine Türme innerhalb einer Woche, und zu gastronomischen Preisen! Von ihm spricht ganz Paris.

KASCHTAN: Die ganze Welt!

PICKLER: Langsam glaub' ich selber dran, Kaschtan. Diesmal hast du auf das richtige Pferd gesetzt. Bravo, Kalman, gut gemacht!

KASCHTAN: Kalman? *(Blüht vor Freude auf)* Danke für die Auszeichnung, Herr Pickler.

DAN MERON *(erscheint)*: Bonjour, Pardon...

PICKLER: Vous désirez, garçon?

DAN MERON *(Tonband hängt von der Schulter herab, in ganz schlechtem Französisch)*: S'il vous... vous... vous... Ich komme vom Rundfunk.

PICKLER: Das hört man.

DAN MERON: Ich nehme die Ausstellung auf. Und wer sind Sie?

PICKLER: Ich bin die Ausstellung.

KASCHTAN: Herr Pickler ist einer der Hauptinitiatoren von allen entscheidenden Gala-Vorstellungen im internationalen Kulturleben. Paris, London...

PICKLER: Kaschtan, Kaschtan, er weiß schon Bescheid.

KASCHTAN: Berlin.

*Der Lärm unten schwillt an, ist aber immer noch gedämpft.*

DAN MERON: Worüber regt sich Schlesinger da unten denn so auf?

PICKLER: Das ist ein Werbegag, mein Junge.

DAN MERON: Ach so, Publicity. Nicht schlecht.

KASCHTAN: Schlesinger verfügt auch über ein Temperament, das als par excellence revolutionär bezeichnet werden muß.

DAN MERON: Sie sind wohl eine von diesen Kritiker-Typen oder so was?

KASCHTAN: Mein Name, junger Mann, ist Kalman M. Kaschtan!

DAN MERON: Nie gehört. *(Hält das Mikrofon für Pickler heraus)* Möchten Sie vielleicht ein paar Takte für die Hörer daheim quatschen?

PICKLER: Das ist sein Ressort. Ich bin mehr 'ne schweigsame Natur.

DAN MERON: Das ist mir egal. *(Öffnet das Bandgerät, das ihm von der Schulter hängt, zu Kaschtan)* Sprechen Sie über die Ausstellung und den Schrott hier, aber streng an Tatsachen halten, kein Blabla...

KASCHTAN: Meine sehr verehrten Damen...

DAN MERON: Halt! Halt! ...Erst mal die Einleitung, verstanden? *(Mit seiner süßlichen, polierten Stimme)* Hier spricht Dan Meron zu Ihnen, von der festlichen Eröffnung der großen Frühjahrsausstellung in Paris. Neben uns stehen zwei alte Bekannte von mir, Herr Pickler und der bekannte Kunstkritiker Herr... Herr... *(Kaschtan flüstert ihm zu: Kalman M. Kaschtan, Kalman M. Kaschtan)* ...einer der berühmtesten Kritiker unseres Landes, dessen Name allein Bände für unsere Zuhörer spricht. Hello, Kalman!

KASCHTAN: M. Kaschtan, hello.

DAN MERON: Nur frisch von der Leber weg, Kalman, was ist dein Eindruck bezüglich der künstlerischen Vollendung, deren Zeuge wir von Zeit zu Zeit sein dürfen?

KASCHTAN: Ich... ich... *(Zu Pickler)* Ich hab' die Frage nicht verstanden.

PICKLER *(brüllt)*: Schlesinger natürlich, Sie Trottel!

KASCHTAN *(nimmt das Mikrofon und spricht sehr schnell, in gelehrtem Ton)*: Raphael Schlesinger, aus der Kunstschule des Neoabturismus hervorgegangen, ist ohne den Schatten eines Zweifels einer der verheißungsvollsten All-round-Maler, die während der letzten 19 Jahre entdeckt worden sind...

DAN MERON: Er funktioniert nicht. *(Haut den Apparat, schaltet das Mikrofon aus. Der Lärm im Vorraum nimmt zu)*

KASCHTAN *(spricht weiter ins Mikrofon)*: Schlesinger ist ein Revolutionär, der bereit ist, bei der geringsten Provokation bis zum letzten Blutstropfen für seine originalen Konzepte zu kämpfen, gegen die ganze Welt und manchmal sogar gegen sich selbst... sogar... das ist Schlesinger... *(Flieht und versteckt sich hinter einem der verhüllten Gegenstände. Raphaels Stimme dringt von draußen herein)*

DAN MERON: Was ist denn los? *(Tritt beiseite, setzt sich auf den Boden und repariert das Bandgerät mit Schraubenzieher, ohne für das, was auf der Bühne rings um ihn vorgeht, das geringste Interesse zu zeigen)*

RAPHAEL *(seine Stimme kommt im Vorraum näher, dazu die Stimmen von Dahlia, Mon Chéri, Jacquot und einem Polizisten)*: Tut mir leid, dies ist ein Streik! *(Jacquot: Du bist nicht allein, Slezangé)* Mir hat keiner zu sagen, was ich zu tun habe. *(Polizist: Monsieur, ich warne Sie, Monsieur)* Lassen Sie mich bitte in Ruhe!

DAHLIA: Wir werden demonstrieren, wo immer wir wollen. *(Mon Chéri: Denk auch an die Ausstellung)*

RAPHAEL: Ich bin ein Betrüger! Du bist ein Betrüger! Wir alle sind Betrüger! ...

*Raphael platzt herein in die Halle, gekleidet, als sei er aus dem Atelier geflohen. Dahlia neben ihm. Die andern folgen, heiß miteinander diskutierend. Raphael ist in Kampfeslaune. Er trägt das Porträt Rembrandts, während Dahlia ein grob handgemaltes Schild trägt: »Ausstellung für geistig Unterentwickelte«. Raphael entdeckt Pickler.*

RAPHAEL: Hello, Monsieur Pickler!

PICKLER *(mit zornigem Spott)*: Hör mal, Junge, nimm das blöde Schild da weg, ja? Du benimmst dich wie ein Kind.

RAPHAEL: Ich bin ein Kind!

MON CHÉRI *(im Abendkleid)*: Raphael, Darling, willst du die moderne Kunst dem Boden gleichmachen?

RAPHAEL: Im Gegenteil, Madame, ich will sie retten.

MON CHÉRI: Bon. Aber du kannst nicht vor allen Ausstellungen der Welt demonstrieren. Und für wen?

RAPHAEL: Für ihn! Für Harmensz van Rijn Rembrandt. Für echte, wahre Künstler. *(Hängt das Porträt auf)* »Die moderne Kunst«! Das einzige, was an ihren Werken klar und verständlich ist, ist die Signatur!

MON CHÉRI: Das sagt auch der Metzger an der Ecke.

RAPHAEL: Ja, dann fängt das Kunstverständnis heute beim Metzger an.

PICKLER: Unsinn!

JACQUOT *(im Smoking, aber barfuß)*: Aber um alles in der Welt, Slezangé, was sollen wir tun?

RAPHAEL: Bloß das eine, bloß eine Kleinigkeit: Nennt euch Innendekorateure.

JACQUOT: Ist das alles? Mais avec plaisir! ...

MON CHÉRI: Raphi! Dann ist Picasso auch ein Innendekorateur?

RAPHAEL: Und wie, Madame! Er selbst hat sich totgelacht über seine übergeschnappten Kritiker!

PICKLER: Welcher Schwachkopf behauptet diesen Quatsch?

RAPHAEL: Picasso, mein Herr, Picasso persönlich. Der alte Meister gesteht in seinem künstlerischen Testament klipp und klar, daß er nur ein großer Spaßmacher war.

*Allgemeine Regung geht durch die Reihen der Besucher.*

PICKLER: Na wunderbar! Aber wieso weiß ich nichts davon? Darf man fragen, warum dieses sensationelle »Testament« nicht veröffentlicht wurde?

RAPHAEL: Es wurde veröffentlicht! Vor zwanzig Jahren. Aber dann schnell unter den Teppich gekehrt. *(Flüstert Pickler zu)* Weißt du, Yossi, sonst müßte man die Museen räumen und die ganze moderne Kunstgeschichte neu schreiben.

MON CHÉRI *(flüstert in Picklers Ohr)*: Und du kannst dich aufhängen, mon chéri. *(Jacquot bricht in Lachen aus. Pickler wirft Jacquot einen bösen Blick zu)*

PICKLER: Hahaha! Ihr seid heute alle sehr witzig!

RAPHAEL: Es ist kein Witz, Herr Pickler! Sagen Sie mir, Herrschaften, warum darf man heute nicht mehr malen wie früher? Ist es eine Schande, Gesichter zu zeichnen, Landschaften, Körper, wie sie der liebe Gott geschaffen hat?

DAHLIA: Warum darf Raphi seine Mutter nicht so malen, wie sie ist?

PICKLER: Er darf ja, meine Süße. Man kann's bloß nicht verkaufen.

DAHLIA: Warum nicht?

PICKLER: Weil sich heute nur Abstraktes verkaufen läßt!

RAPHAEL: Ich hab' aber keine abstrakte Mutter! ...

MON CHÉRI *(applaudiert)*: Bravo!

RAPHAEL: Aber was unterhalte ich mich mit euch? *(Stürzt sich auf die verhüllten Gegenstände)* Wo ist mein Wunderturm? Wo ist der Samowar der Ewigkeit? ...

PICKLER *(gebieterisch hinter ihm her)*: Lassen Sie die Finger von den Dingen, Junge, die gehören Ihnen nicht!

RAPHAEL: Der Kessel gehört mir! Darin wollen wir zu Hause wieder Tee kochen! ... Hello, Herr Kaschtan, immer noch in Paris?

KASCHTAN *(sprudelt heraus)*: Ja. Übrigens, mir fällt dabei ein kleiner Scherz ein. Zwei Juden treffen sich am Eiffelturm, der eine ist groß, der andere ... ist klein ... *(und die Jagd geht weiter, fliehend)* Herr Schlesinger, dies ist kein Kinderspiel ... Fangen Sie bitte nicht wieder an ... Ich bin auf Ihrer Seite ... in manchen prinzipiellen Punkten ...

POLIZIST: Monsieur, ich warne Sie, Monsieur!

*Kaschtan erreicht endlich die Tür und prallt dort mit dem Galeriebesitzer zusammen, der feierlich naht. Alles erstarrt auf der Stelle. Der Polizist salutiert, und zu den Klängen feierlicher Musik – einer Art Hymne – tritt gemessenen Schrittes der Minister ein. Er ist ein urbaner alter Mann mit weißem Spitzbart. Dahinter sein Gefolge: Mr. und Mrs. Green, Mon Chéri und die beiden Galeriediener. Alle sind festlich gekleidet, bewegen sich wohlerzogen und mit ziemlichem Selbstbewußtsein. An beiden Seiten des Eingangs bauen sich der ältere und der junge Galeriediener auf. Raphael und Dahlia werden mit ihrem Schild an die Wand gedrückt. Raphael gleitet langsam zu Boden. Von hier ab geht die Handlung in einer stillen Atmosphäre von tieferer Bedeutung weiter, die Musik reißt ab.*

GALERIEBESITZER: Messieursdames! Es ist mir eine Ehre, die Plastik-Ausstellung des Grand Salon du Printemps unter dem Patronat Seiner Exzellenz, Monsieur le Ministre du Transport, zu eröffnen. *(Stellt Kaschtan dem Minister vor)* Euer Exzellenz, der prominente Kunstkritiker Monsieur Kaschtan.

MINISTER: Je suis très heureux de faire votre connaissance, Monsieur Kastran. *(Schüttelt Kaschtan die Hand, Pickler gibt dem Galeriebesitzer Zeichen)*

KASCHTAN: Kalman M. Kaschtan.

GALERIEBESITZER: Monsieur Pickler, der renommierte Kunstmäzen.

MINISTER *öffnet den Mund zu breitem Grinsen und nähert sich Pickler mit fröhlichem Aufschrei.*

PICKLER *etwas verblüfft, nähert sich dem Minister mit ähnlicher Geste.*

MINISTER *(huscht unter den ausgebreiteten Armen Picklers hindurch und fällt Mon Chéri um den Hals. Sie küssen sich schmatzend)*: Ma petite, Mon Chéri!

MON CHÉRI: Merci, Moumou!

GALERIEBESITZER *(unterwürfig)*: Hier entlang, Votre Excellence.

*Die Eskorte, d. h. die Greens, Mon Chéri, Kaschtan, Jacquot und die beiden Galeriediener, folgt dem Minister, der zwischen Mon Chéri und dem Galeriebesitzer schreitet. Sie bleiben vor der aufgehängten Matratze stehen. Gespanntes Schweigen. Jacquot bekommt einen unverzeihlichen Hustenanfall und wird durch einen zornigen Zischchor zum Schweigen gebracht.*

GALERIEBESITZER: »Le singe envire à la simple vue du tigre«.

MINISTER: Très intéressant!

*Spärlicher Applaus; geführt vom Galeriebesitzer, verläßt die Gruppe die Haupthalle und geht in einen Seitenflügel.*

GALERIEBESITZER: Votre Excellence, suivez-moi, s'il vous plaît.

PICKLER *(bleibt)*: Schlesinger!

POLIZIST: Ruhe!

PICKLER: Pardon! *(Schleicht zu Raphael hinüber, der neben Dahlia auf dem Boden sitzt)* Was macht ihr denn hier?

RAPHAEL: Public Relations.

DAHLIA: PR.

PICKLER: Okay, okay, mein Junge. Wir haben unsern kleinen Spaß gehabt. Wir haben ihn genossen, aber jetzt hoch und ab mit eurem blöden Schild, bevor ich die Geduld verliere. Denn wenn Pickler die Geduld verliert, dann macht er ganze Arbeit!

RAPHAEL: Und wenn Schlesinger sich nicht soviel darum kümmert, bleibt er dennoch Schlesinger!

PICKLER: Ist das dein letztes Wort?

RAPHAEL: Ja, Yossi!

DAHLIA: Wir bleiben aufrecht, wir drei *(Sie meint das Schild)*

PICKLER: Hippies!

DAHLIA: Danke schön!

Dan Meron *sitzt auf dem Boden und ißt ein Brötchen und trinkt Saft aus der Flasche zu den Klängen von Tanzmusik, die von seinem Bandgerät kommt.*

Polizist: Ruhe!

Dan Meron: Was ist denn? Darf ein Mensch sich nicht mal 'n bißchen ausruh'n?

Pickler: Je suis ici again. *(Er arbeitet sich eilig bis zum Minister vor, der mit seinem Gefolge in die Halle zurückgekehrt ist und vor dem schmalen Bild einer Liegenden stehenbleibt)*

Galeriebesitzer: C'est un tableau extraordinaire: »Une bourasque souffle de l'ouest à la tombée de la nuit«.

*Der Minister neigt seinen Kopf zur Seite, um die Liegende besser zu sehen, die andern ahmen ihn nach.*

Minister: Oy! *(Er verrenkt seinen Hals. Zu Mon Chéri)* Je ne peux plus... tu peux m'aider, Mon Chéri?

Mon Chéri: Oh, mon pauvre Moumou... *(Sie renkt des Ministers Kopf wieder ein)*

Minister: Je te remercie...

Mrs. Green *(flüstert)*: Was ist das? Futuristisch, kubistisch oder surrealistisch?

Mr. Green *(flüstert)*: Fifty-fifty...

Minister: Très intéressant!

*Geht weiter und bleibt vor einer großen schwarzen Statue stehen, die an einen Grabstein erinnert.*

Galeriebesitzer: »Dormage la Motte Piqué« de Rappaport.

*Der Minister nimmt seinen Zylinder ab, alle senken den Kopf, wie bei einer Beerdigung. Völlige Stille.*

Dahlia *(flüstert)*: Raphael, was wird das bloß?

Raphael: Ein internationaler Skandal, hoffe ich.

Dahlia: Mir ist schon ganz schlecht vor Angst.

Raphael: Mir auch. Aber ich möchte doch gar zu gern das Gesicht Seiner Exzellenz sehen, wenn er das hier liest.

DAHLIA: Sie werden uns einsperren.

RAPHAEL: Macht nichts. Wir können wenigstens unsern Enkelkindern davon berichten, wenn sie uns fragen: »Opa, erzähl uns doch noch mal, wie das war, als Seine Exzellenz zu dir und Oma kam.«

DAHLIA: Und Oma hielt das Schild in der Hand... hast du eben Oma gesagt?

RAPHAEL: Uhum.

DAHLIA: Und die Oma soll ich sein?

RAPHAEL: Uhum.

DAHLIA: Also, weißt du! ... *(Wird vor Aufregung beinahe ohnmächtig. Raphael küßt sie. Stille. Hinausgezögertes Schweigen, das allmählich beklemmend wirkt. Der Minister und sein Gefolge rühren sich nicht)*

KASCHTAN *(flüstert Pickler zu)*: Er ist eingeschlafen... Der Minister ist eingeschlafen...

PICKLER *(auffahrend)*: Was?

GALERIEBESITZER *(flüsternd)*: Jedesmal dasselbe! *(Zum Minister)* Votre Excellence... Votre Excellence...

MON CHÉRI: Moumou! Moumou! ...

PICKLER: Très...

MINISTER *(prompt)*: Très intéressant!

GALERIEBESITZER: Hier entlang, Votre Excellence.

MINISTER *(schlendert mit seinem Gefolge zu einer über und über roten Leinwand)*: Qu'est-ce que c'est?

PICKLER: Kaschtan! Was ist das? Schnell!

KASCHTAN: Was ist das?

MRS. GREEN: Was ist das? Harry! Den Katalog!

MR. GREEN: Just a minute! *(Liest laut aus dem Programm vor)* Aus der Genesis-Serie von Bubasoko: »Abel«.

MINISTER *(beifällig)*: Très intéressant!

*Spärlicher Applaus.*

JUNGER GALERIEDIENER *(flüstert dem älteren Galeriediener zu)*: Ist das jener Abel, den sein Bruder Kain ermordet hat?

ALTER GALERIEDIENER: Ja.

JUNGER GALERIEDIENER: Ehrlich gestanden, ich kann es Kain nicht übelnehmen

PICKLER *(schreit)*: Ruhe! Hier entlang, Euer Exzellenz...

MINISTER *ist vor dem roten Feuerlöscher angekommen und sieht ihn lange an.*

DAN MERON *(es ist ihm gelungen, sein Bandgerät zu reparieren, nimmt sich selbst durchs Mikrofon auf. In seiner milden, feierlich gedämpften Stimme)*: Hier spricht Dan Meron aus Paris. Es ist ein wirklich feierlicher Anlaß, eine Ausweitung der engen kulturellen Beziehungen zwischen Israel und Frankreich. Verdammter Apparat! ... *(Haut das Gerät. Dann zu den Anwesenden)* Hat jemand zufällig Isolierband?

GALERIEBESITZER *bedeutet ihm wütend hinauszugehen.*

DAN MERON: Rühren Sie sich nicht, ich bin im Augenblick zurück. *(Zu Pickler)* Wie heißt Isolierband auf französisch?

PICKLER: Isolierbaaan.

DAN MERON *geht, läßt sein Gerät auf dem Kopf der Venus liegen.*

MINISTER *(meint den Feuerlöscher)*: Très intéressant!

*Spärlicher Applaus.*

GALERIEBESITZER: On prend ce chemin-là, Votre Excellence.

PICKLER: Diese Richtung, bitte, par excellence!

GALERIEBESITZER *führt den Minister in einen Seitenflügel.*

PICKLER *(bleibt mit Kaschtan in der Halle)*: Kaschtan, Kaschtan, da haben Sie mir was Schönes eingebrockt, Sie Niete! Kümmern Sie sich darum, daß dieses blöde Schild endlich verschwindet. Stehen sie nicht rum, Kaschtan, tun Sie was! Los, los... *(Rennt dem Minister nach)*

KASCHTAN *(geht zögernd zu Raphael und Dahlia, beugt sich zu ihnen hinunter)*: Herr Schlesinger... *(Raphael sieht ihn drohend an)* Fräulein Dahlia, Sie sind seine Freundin...

DAHLIA: Wir haben uns inzwischen verlobt.

KASCHTAN: Herzlichen Glückwunsch!

DAHLIA: Danke schön.

KASCHTAN: Madame Slezangé, ich rede mit Ihnen. Obwohl berufliche Grundsätze und Herr Pickler es mir verbieten, will ich Sie in ein Geheimnis einweihen: Das konische Mobiliar bekommt den ersten Preis der Ausstellung!

DAHLIA: Das also ist die Überraschung?

KASCHTAN: Ja, Madame Slezangé, der Grand Prix des Grand Salon du Printemps. Begreifen Sie, was das bedeutet?

DAHLIA: Na klar, der Grand Virus!

KASCHTAN *(betrübt)*: Aber Herr Schlesinger. Ich bin nur ein kleines Schräubchen in dem großen Getriebe, ich habe alles getan, was ich konnte...

PICKLER: Kaschtan!

*Der Kritiker trottet zurück. Der Minister kommt vor dem Porträt Rembrandts an und bricht in extravagante Lobhudelei aus.*

MINISTER: Splendide! Merveilleux! Sensationell! Extraordinaire! Une vraie splendeur! ...

GALERIEBESITZER *versucht, den Minister ins Bild zu setzen, allgemeine Bestürzung.*

PICKLER *flüstert dem Minister etwas ins Ohr.*

*Die beiden Galeriediener stürzen vor und entfernen das Porträt, eine rotierende »optische« Spirale kommt zum Vorschein.*

MRS. GREEN *bleibt vor der Spirale wie angewurzelt stehen, unbeweglich, bis der Vorhang fällt.*

MINISTER *(tief enttäuscht von der Spirale)*: Très intéressant...

*Sehr spärlicher Beifall.*

GALERIEBESITZER: Hier entlang, bitte. *(Der Minister steht vor dem WC-Wasserkasten)* Von dem japanischen Künstler Okoyamimi Ishihara »Microcosmos 2003«. Wenn Euer Exzellenz uns die Ehre geben wollen – tirez!

MINISTER *(zieht, das Wasser stürzt mit gurgelndem Geräusch herab)*: Très intéressant!

*Lebhafter Beifall. Der Polizist salutiert. Das Interesse des Ministers gilt der »Venus«-Statue, auf der das Bandgerät liegt. Er drückt auf den Knopf und setzt die Apparatur in Gang. Prompt hört man das Gequäke von Donald Duck.*

MR. GREEN *(zum Minister)*: »Dynamistische Kunst«!

KASCHTAN: Kynetisch!

GALERIEBESITZER: Art et Mouvement!

MINISTER: Ah! Très...

RAPHAEL *(stehend)*: Jetzt geht's los! Wenn sie mich verhaften, sag Mutter nichts davon...

DAHLIA: Ist gut, Raphi. *(Außer Atem)* Wo wollen wir uns treffen, nachher?

RAPHAEL: Auf der Botschaft... Vergiß Rembrandt nicht und den Kessel...

DAHLIA: Ich besuch' dich im Gefängnis.

RAPHAEL: Gut.

DAHLIA: Bist du auch warm genug angezogen?

RAPHAEL: Mir ist warm genug.

DAHLIA: Ich bring' dir eine Strickjacke. Ich liebe dich, Raphi.

RAPHAEL: Ich dich auch, Dahlia, sehr.

DAHLIA: Küß mich! *(Sie küssen sich. Raphael, bleich und bereit zum Kampf, richtet das Schild auf)*

KASCHTAN *(stellt das Bandgerät ab)*: Très intéressant?

MINISTER: Non! Original! *(Steuert auf Raphael zu. Bleibt stehen, geht zum WC zurück und zieht noch einmal, mit einem Schafslächeln. Diesmal ohne jeden Wassereffekt)*

MON CHÉRI: Nie zweimal, Moumou.

*Der Minister geht weiter, zu Raphael und Dahlia, erblickt*

*das Schild. Völlige Stille. Der Galeriebesitzer gerät in Panik. Pickler und Kaschtan bemühen sich verstohlen zum Ausgang. Jacquot und Mon Chéri verharren bei den andern. Mr. und Mrs. Green sind sichtlich verstört. Die Galeriediener halten den Atem an. Der Polizist rückt näher. Der Minister zieht ein Pincenez aus der Tasche, setzt es auf und reagiert dann wie gewöhnlich, weil er das Schild für ein Ausstellungsobjekt hält.*

MINISTER: Très intéressant!

*Allgemeiner Beifall. Alles strömt zum Minister zurück. Raphael und Dahlia schauen sich in die Augen, völlig durcheinander, dann lassen sie sich wieder zu Boden gleiten.*

GALERIEBESITZER: Et maintenant, Votre Excellence, zur Preisverteilung!

*Große Erregung. Die beiden Galeriediener bringen die verhüllten Gegenstände in die Mitte der Bühne.*

DAN MERON *(ins Mikrofon)*: Hier spricht Dan Meron aus Paris. Ich glaube, jetzt wird Seine Exzellenz, der Touristminister, die Preisrede halten. Mit Ihrer Erlaubnis übersetze ich sie direkt aus dem Französischen. Hier ist Dan Meron ... jetzt ...

MINISTER: Au nom de la France et en mon nom propre ...

DAN MERON *(ohne ein Wort zu verstehen)*: Er sagt ...

MINISTER: – je suis fier de mettre aujourd'hui les prix internationaux des arts plastiques –

DAN MERON: Plastik.

MINISTER: – aux lauréats international des arts plastiques –

DAN MERON: Plastik.

MINISTER: – attribuées aux meilleurs artistes plastiques –

DAN MERON: Plastik.

MINISTER: – par le conseil national, le conseil local et le conseil des arts plastiques!

DAN MERON: Und so weiter ... Hier spricht Dan Meron mit seinem fliegenden Mikrofon life aus Paris.

*Beifall, als der Minister seine Rede beendet. Dan Meron kehrt an seinen alten Platz zurück und schläft dort ein.*

GALERIEBESITZER: Und jetzt der dritte Preis für zeitgenössische Kunst! Votre Excellence!

MINISTER *(zu Mon Chéri)*: Madame!

GALERIEBESITZER: »La ballerine bleue« von Jacquot.

*Junger Galeriediener rollt einen verhüllten Gegenstand herbei, Mon Chéri zieht die Hülle herunter, und die »Blaue Ballerina« ist in all ihrer Glorie zu sehen, mit dem Schiffchen in der Mitte.*

MON CHÉRI: Messieursdames, c'est moi.

MINISTER *(applaudiert, alles folgt)*: Très intéressant!

JACQUOT *(mit ehrlicher Ergriffenheit)*: Ein Preis für mich? ... Einen echten Preis? Von der Regierung? ... Amtlich? ... Endgültig? ... *(Schüttelt dem Minister die Hand, schreit)* Vive la France! *(Fällt Pickler um den Hals)* Monsieur Pickler!

PICKLER: Vergiß nicht, mein Junge, ich hab' 'ne Option drauf.

GALERIEBESITZER: Und jetzt, Messieursdames, der zweite Preis für zeitgenössische Kunst: »Le Gorilla« von Gortschenko!

*Höflicher Applaus, aber die zwei Galeriediener finden das Kunstobjekt nicht.*

ALTER GALERIEDIENER: Einen Gorilla haben wir nicht gesehen...

GALERIEBESITZER: Merde. Scheiße. Der muß doch dasein...

MON CHÉRI: Oh, mon dieu! *(Zu Pickler)* Gogo hat den Gorilla zertrümmert.

PICKLER: Wieso?

MON CHÉRI: Anfall von Selbstkritik.

PICKLER: Das hat mir gerade noch gefehlt...

GOGO: Platz! Voilà! ...

*Kommt durch den Haupteingang, schiebt vor sich her auf*

*dem roten Teppich einen gewöhnlichen Zahnarztbohrer, der in bester Verfassung ist. Er steht auf einem schweren Unterbau, und eine Unzahl von Kabeln führt in den Bohrer hinein.*

MON CHÉRI: Ist er raus, der Zahn?

GOGO: Raus!

MON CHÉRI: Sublimation?

GOGO: Transzendental!

MINISTER: Très intéressant!

*Applaus. Gogo schüttelt dem Minister die Hand, dankt für den Beifall und umarmt Mon Chéri.*

PICKLER *(zum Minister)*: Euer Exzellenz! Ein echter Gortschenko aus seiner Zahn-Periode.

*Junger Galeriediener entfernt den Bohrer, den sein Kollege durch den andern verhüllten Gegenstand ersetzt.*

GALERIEBESITZER: Und jetzt, Euer Exzellenz, zum Grand Prix der Ausstellung! Monsieur Pickler, s'il vous plaît! *(Pickler tritt an den Gegenstand heran)* »Le plug au Giveon, debranche le Soleil il Boies« de Raphael Slezangé.

PICKLER: Votre Excellence! Mesdames et Messieurs! Nous ... nous ... nous ... nu, das ist einer der schönsten Tage in meiner künstlerischen Laufbahn. Ich habe die Ehre und das Privileg, die Hülle von diesem plastischen *(Verbeugung vor dem Minister)* Werk zu entfernen, von meinem jungen Protégé Raphael Slezangé – Schlesinger! Messieursdames! »Sonne, steh stark über Gibeon!«

*Entfernt die Hülle und schwankt, als er in Lebensgröße die mit Farbe bekleckerte Leiter vor sich hat, mit dem Regenschirm Kaschtans auf einer der Sprossen. Pickler nimmt den älteren Galeriediener beiseite.*

Was zum Teufel habt ihr da rangeschleppt?

ALTER GALERIEDIENER: Was Sie aufgeschrieben haben.

PICKLER: Doch nicht das, Sie Vollidiot!

ALTER GALERIEDIENER: Wo ist da der Unterschied? Kunst ist Kunst.

MINISTER: Exceptionellement intéressant!

*Applaudiert, die andern fallen ein, auch Pickler und Kaschtan, der beinahe hinausgelaufen wäre, als er die Leiter sah. Dahlia und Raphael werden von einem hysterischen Lachanfall geschüttelt.*

RAPHAEL *(nähert sich der applaudierenden Gruppe)*: Meine Herren, Sie haben sich geirrt! Dies ist bloß die Leiter aus dem Atelier. Eine Leiter und sonst gar nichts. Die Farbe ist einfach daran runtergelaufen. Ich bin immer so unvorsichtig. *(Zum Minister)* Très intéressant, aber dafür hab' ich keinen Preis verdient. Das ist bloß 'ne Leiter. Eine Leiter! *(Pickler klatscht in die Hände, um ihn mundtot zu machen, ruft Bravo, und die andern applaudieren)* Eine Leiter! *(Der Applaus wird immer stärker, Raphael brüllt)* Schön, dann ist es eben keine Leiter! Dies ist ein großes Kunstwerk. Die Frucht von sechseinhalbjährigem schwerem künstlerischem Ringen um die Einfachheit der Form! Einfacher geht's wirklich nicht. Aber ich bin fair genug zuzugeben, daß ich niemals diesen Gipfel der Vollendung erreicht haben würde ohne meinen Lehrherrn und Meister, der in mein Herz, meine Seele und in meine Hände ein so tiefes Verständnis für die zeitgenössische Kunst eingepflanzt hat. Kaschtan...

MON CHÉRI: M.!

RAPHAEL: Kaschtan.

KASCHTAN: Raus?

RAPHAEL: Im Gegenteil. Überlegen Sie mal, was wir machen, wenn die Leitern nicht mehr gehen. *(Sie schütteln sich die Hand)* Meine Damen und Herren, mit Hilfe des Mediums dieses Kunstgebildes »Stecker zu Gibeon, steh still, zieht die Sonne raus, Wasser« beabsichtigte ich zuvörderst und hauptsächlich, mich selbst von Sprosse zu Sprosse aufzuschwingen *(steigt auf die Leiter)* zu den höchsten Höhen der Existenz – und wie Sie sehen, hab' ich's geschafft! *(Applaus, Raphael, oben auf der Leiter, erhebt die Stimme)* Ich möchte noch erklären, daß das Geheimnis des Erfolges der modernen Kunst nichts weiter ist als ein intimes Zusammenspiel zwischen Künstler und Zufall. Und je weniger der Künstler sich einmischt, desto besser ist's für ihn. *(Applaus)* In dieser Kreation, meine Damen und Herren, habe ich versucht, meinen heftigen und leidenschaftlichen Protest zum Ausdruck zu bringen gegen eine verrückte Welt. *(Applaus)* Gegen eine infantile Welt. *(Applaus)* Gegen eine kranke Welt!

PICKLER: Bravo!

MINISTER: Bravissimo!

*Man drängt Raphael von der Leiter, und unter Jubel trägt man ihn auf den Schultern hinaus.*

RAPHAEL *(von den Schultern herab, schreit)*: Dahlia! Sie sind die Mehrheit!

*Verschwindet durch die Halle und die Prunktür.*

*Der Minister wandelt Arm in Arm mit Mon Chéri. Auch die einsame Dahlia geht.*

DAHLIA: Raphi, du bist in. *(Verläßt die Ausstellung mit dem Bild Rembrandts unter dem Arm)*

*In der Halle verbleiben: der schlafende Dan Meron und die hypnotisierte Mrs. Green.*

KASCHTAN *(läuft zurück, um seinen Regenschirm zu holen. Sein Blick fällt auf die Leiter, und urplötzlich entspringt seinem Geist, voll aufgeblüht, die neue Theorie)*: Die Leiter als ornamentales Motiv war allezeit eine unerschöpfliche Quelle der Inspiration. Raphael Schlesinger fand den Weg zurück zu seinem neo-leiterischen Ursprung und verbindet seine Leiter mit dem Leitmotiv seines Ichs.

PICKLER *kommt zurück.*

KASCHTAN: Die reiche Thematik der Schlesinger-Leiter deutet auf die Existenz einer andersartigen Realität, in der der Künstler nicht nur der Hohe Priester, sondern zugleich auch ihr Opfer ist. Eine Welt im Stadium einer entsetzlichen Genesis ragt drohend auf den symbolistischen Sprossen dieser buntfarbigen Leiter, mit wilden Akkorden uralten Lebens, inmitten eines Zeitalters, in dem die Grenzen des Belebten und Unbelebten verschwimmen und alles das im Schatten dieser erhabenen Konikalität, die in den Stil der Spitzbögen des Cinquecento ausläuft, in eine Art wunderbarer Ironie, in der Antike und Moderne, Tragödie und Libido, Humanität und, wenn ich mich so ausdrücken darf, meine verehrten Damen und Herren, sogar eine gewisse Monstrosität in einen allmächtigen Mahlstrom einmünden...

PICKLER *(der erfolglos versucht, ihn zu bremsen)*: Kaschtan! Kaschtan! Sie haben schon kapiert! Sie wollen abschließen. Kaschtaaan! ...

*Schließlich gibt er diskret ein Zeichen, daß der Vorhang fallen soll – und der Vorhang fällt zu den Klängen fröhlicher Musik.*

## *Bildnachweis*

ALBERS, JOSEF: Composition in a Square, © 1987 by COSMOPRESS, Genf

ALBERS, JOSEF: Squares: Blue and Col. Green in Carm. Green, © 1987 by COSMOPRESS, Genf

ALBERS, JOSEF: Homage to the Square: From Yellow to Brown, © 1987 by COSMOPRESS, Genf

ALBERS, JOSEF: Homage to the Square ›Curious‹, © 1987 by COSMOPRESS, Genf

APPEL, KAREL: Deux Têtes, © VGBild-Kunst, Bonn/BEELDRECHT, Amsterdam 1986

BACON, FRANCIS: One of three Studies for a Crucifixion, © MARLBOROUGH INC. & COSMOPRESS, Genf 1986

DALI, SALVADOR: Mann, ans Kreuz genagelt, © VGBild-Kunst, Bonn/SPADEM, Paris 1986

DELVAUX, PAUL: Schlafende Venus, © VGBild-Kunst, Bonn/SABAM, Brüssel 1986

DOESBURG, THEO VAN: Pure Painting, © VGBild-Kunst, Bonn/BEELDRECHT, Amsterdam 1986

DUBUFFET, JEAN: Déambulation, © 1987 by A. D. A. G. P., Paris & COSMOPRESS, Genf

DUBUFFET, JEAN: Corps de Dame, © 1987 by A. D. A. G. P., Paris & COSMOPRESS, Genf

DUCHAMP, MARCEL: Bottle Rack, © 1987 by A. D. A. G. P., Paris & COSMOPRESS, Genf

ERNST, MAX: Cry of the seagull, © VGBild-Kunst, Bonn/SPADEM, Paris 1986

ERNST, MAX: Die Lebensfreude, © VGBild-Kunst, Bonn/SPADEM, Paris 1986

HARTUNG, HANS: Composition, © 1987 by A. D. A. G. P., Paris & COSMOPRESS, Genf

KANDINSKY, WASSILY: Mit schwarzem Bogen, © 1987 by A. D. A. G. P., Paris & COSMOPRESS, Genf

KLEE, PAUL: Kameraden wandern, © 1987 by COSMOPRESS, Genf

Klee, Paul: Le Rouge et le Noir, © 1987 by Cosmopress, Genf

Klein, Yves: Cosmogonies , © 1987 by A. D. A. G. P., Paris & Cosmopress, Genf

Lichtenstein, Roy: Whaam!, © VGBild-Kunst, Bonn/Vaga, New York, N. Y. 1986

Magritte, René: Le Modèle rouge, © 1987 by Cosmopress, Genf

Man ray: La nuit d'émeraude, © 1987 by A. D. A. G. P., Paris & Cosmopress, Genf

Matisse, Henri: Die Schnecke, © VGBild-Kunst, Bonn/Spadem, Paris 1986

Miró, Joan: Blue II, © 1987 by A. D. A. G. P., Paris & Cosmopress, Genf

Motherwell, Robert: Elegy to the Spanish Republic, © VGBild-Kunst, Bonn/Vaga, New York, N. Y. 1986

Pfahler, Georg Karl: Formativ XX., © VGBild-Kunst, Bonn 1986

Picasso, Pablo: Tête de jeune fille, © VGBild-Kunst, Bonn/Spadem, Paris 1986

Picasso, Pablo: Sitzende Frau, © VGBild-Kunst, Bonn/Spadem, Paris 1986

Picasso, Pablo: Weinende Frau, © VGBild-Kunst, Bonn/Spadem, Paris 1986

Picasso, Pablo: Mondmännchen, © VGBild-Kunst, Bonn/Spadem, Paris 1986

Picasso, Pablo: Paolo als Harlekin verkleidet, © VGBild-Kunst, Bonn/Spadem, Paris 1986

Rauschenberg, Robert: Bed 1955, © VGBild-Kunst, Bonn/Vaga, New York, N. Y. 1986

Warhol, Andy: Green Coca Cola Bottles, © VGBild-Kunst, Bonn/Vaga, New York, N. Y. 1986

Warhol, Andy: Brillo Boxes, © VGBild-Kunst, Bonn/Vaga, New York, N. Y. 1986

Warhol, Andy: Race Riot, © VGBild-Kunst, Bonn/Vaga, New York, N. Y. 1986

# Ephraim Kishon

Der seekranke Walfisch
Ullstein Buch 3428

Der quergestreifte Kaugummi
Ullstein Buch 20013

Es war die Lerche
Ullstein Buch 20033

Mein Freund Jossele
Ullstein Buch 20053

Kishon für Kenner
Ullstein Buch 20065

Wenn das Auto Schnupfen hat
Ullstein Buch 20137

Schokolade auf Reisen
Ullstein Buch 20158

Kishons beste Reisegeschichten
Ullstein Buch 20333

Kein Öl, Moses?
Ullstein Buch 20569

Pardon, wir haben gewonnen
Ullstein Buch 20693

Abraham kann nichts dafür
Ullstein Buch 20723

Beinahe die Wahrheit
Ullstein Buch 20766

Picasso war kein Scharlatan
Ullstein Buch 20898

Im neuen Jahr wird alles anders
Ullstein Buch 20981

Kein Applaus für Podmanitzki
Ullstein Buch 20982

Kishon für Manager
Ullstein Buch 22276

Hausapotheke für Gesunde
Ullstein Buch 22350

Drehn Sie sich um, Frau Lot!
Ullstein Buch 22427

Total verkabelt
Ullstein Buch 22439

Kishons beste Autofahrergeschichten
Ullstein Buch 22451

... und die beste Ehefrau von allen
Ullstein Buch 22601

Das große Kishon-Karussell
Ullstein Buch 22752

Undank ist der Welten Lohn
Ullstein Buch 22810

Wie unfair, David!
Ullstein Buch 22837

Arche Noah, Touristenklasse
Ullstein Buch 22968

Das Kamel im Nadelöhr
Ullstein Buch 22996

Der Fuchs im Hühnerstall
Ullstein Buch 23158

Auch die Waschmaschine ist nur ein Mensch / Kishons beste Autofahrergeschichten
Ullstein Buch 23271

Kishons beste Familiengeschichten
Ullstein Buch 23422

Der Hund, der Knöpfe fraß
Ullstein Buch 40012

In Sachen Kain und Abel
Ullstein Buch 40124

Paradies neu zu vermieten
Ullstein Buch 40150